Max Kesselring

Die betonten Vocale im Altlothringischen

Max Kesselring

Die betonten Vocale im Altlothringischen

ISBN/EAN: 9783743488021

Hergestellt in Europa, USA, Kanada, Australien, Japan

Cover: Foto ©Thomas Meinert / pixelio.de

Manufactured and distributed by brebook publishing software
(www.brebook.com)

Max Kesselring

Die betonten Vocale im Altlothringischen

DIE BETONTEN VOCALE

IM ALTLOTHRINGISCHEN.

INAUGURAL-DISSERTATION

VERFASST UND

DER HOHEN PHILOSOPHISCHEN FACULTAET

DER

VEREINIGTEN FRIEDRICHS-UNIVERSITAET HALLE-WITTENBERG

ZUR

ERLANGUNG DER DOCTORWUERDE

VORGELEGT VON

MAX KESSELRING

AUS HALBERSTADT.

HALLE A. S.
BUCHDRUCKEREI CARL COLBATZKY.
1890.

Meiner lieben Mutter

in Liebe und Dankbarkeit

gewidmet.

Einleitung.

Die nachstehende Arbeit hat zur Aufgabe, den lothringischen Vocalismus des XIII. Jahrhunderts durch Vergleich der folgenden Texte festzustellen.

1) Der Altburgundischen Uebersetzung der Predigten Gregors über Ezechiel, herausgegeben von Konrad Hofmann in den Abhandlungen der philol.-philos. Klasse der kgl. bayerischen Acad. d. Wissenschaften Band XVI, München 1882.

Ueber die Bezeichnung „altburgundische Uebersetzung" sind zu vergleichen: Suchier, Litterar. Centralblatt 1882, Spalte 1000, Zeitschrift f. r. Philologie II, 280. Mussafia, Litteraturblatt für german. u. rom. Philologie 1882, Nr. 3.

2) Der afz-Uebersetzung der Predigten Bernhard's von Clairvaux herausgegeben von Wendelin Förster in Vollmöller's Romanischen Forschungen, Erlangen Band II 1886.

3) Der von Herrn Prof. Dr. Suchier besorgten und mir gütigst zur Verfügung gestellten Copie der Arsenal-Hs. 2083, welche die altlothringische Uebersetzung der Predigten des Bischofs Haimo von Halberstadt enthält.

Sodann sind von mir zum bessern Verständnis die lat. Fassungen der obigen Predigtsammlungen herangezogen, und zwar in Bezug auf 1) Ezechiel Migne: Patrologiae latinae, Bd. LXXVI; auf 2) Bernhard: Mabillon. Bernardi Sancti Claravallensis Opera, Bd. I. Paris 1667—90: auf 3) Haimo: Haimonis Halberstattensis Episcopi Homiliarum nunc tertio diligentissime excusarum Pars Hyemalis, etc. MDXXXIIII, und Migne Patrologiae latinae, Bd. CXVII.

Die Predigten Gregors über Exechiel und die Haimos, in den Belegstellen mit E und H bezeichnet, citiere ich nach den Seiten der Hs., die Bernhards, bezeichnet mit B, nach Predigten. Bei meiner Untersuchung selbst gehe ich von den lat. Vocalen aus und behandle:

I. Lat. ū.

Lat. ū wird im altlothringischen Dialect meist seiner gemein französischen Entwicklung nach zum Laut ü. Daneben zeigt s'ch in einigen Fällen das für das Lothringische charakteristische nachtönende i. In freier Silbe:

dur E 88, 109ᵛ, 110, 111, B 7, 35, 43 H 5ᵛ, 23ʳ.

dures E 70ᵛ, 111, 124ᵛ, 129, B 21, 27, H *dure* 28ᵛ, 36ʳ, 56ᵛ, *durs, durement.*

seur E 19 bis ᵛ, 29, 115, B 40; *seure* B 35, 41, H 121ʳ; *segurs* H 92ʳ, 93ᵛ; *segure* H 93ᵛ, 109ᵛ.

oscur E 41ᵛ, 61ᵛ, 99ᵛ, 100, B 24; *oscurs* E 99ᵛ, 101, 131, B 1, H 23ᵛ; *oscure, oscures.*

pur E 44ʳ, 47ᵛ; B 10, 14, 36, 41, H 67ʳ, 109ʳ.

nue E 13, 15, 17ʳ, 28ʳ, 82ʳ, 82ᵛ..., B 1, H 19ʳ; *nues.*

cure E 35ʳ, 42ᵛ, 110, 113, 124ᵛ, B 1, 11, 19, 28, 38; H 5ᵛ, 12ᵛ, 43ʳ, 59ʳ, 82ᵛ; *cures.*

aiue E pr*, 19 bis ᵛ, 22ᵛ, 25ʳ, 32ʳ, 40ʳ..., B 1, 2, 6, 9, 22, 27, H 31ʳ, 45ʳ, 47ʳ, 50ʳ, 54ᵛ; *aiuet.*

us E 8ʳ, 11, 12, 23ᵛ, 35ᵛ, 36ʳ..., B 18, 21, 39, H 18ʳ, 21ᵛ, 28ᵛ, 43ᵛ, 69ʳ, 101ʳ; *uset.*

Ferner tu excusent, juget, accuset etc.

ui tritt auf in: *nuit* (nudum) E 55ʳ, 66; *nuiz* B 44 (neben *nuz* 4, 15, 35); H 93ʳ, 93ᵛ, neben *nuz* 42ᵛ.

issuye B 20, *issuye* B 1; H 9ᵛ neben *issue* B 15, 31, 41; *puirs (purus)* B 43 *aiuye* B 14.

---

*) Bei 2 aufeinanderfolgenden in der Hs. E gleichbezeichneten Seiten, citiere ich die zweite als bis ʳ resp. bis ᵛ also 4 bis ᵛ. Unter pr (prefai) fasse ich in E das zusammen, was sich vor Blatt 2a befindet.

Einmal zeigt E ou statt u in *poure* (= lat. *perspicuus*)
E pr.

Lat. Endung ura wird ure escriture E pr, 3ᵛ, 6ᵛ, 11,
21, 22..., B 5, 9, 10, 12, 28, 31 ..., H 13ʳ. Daneben
escritures doch häufiger escripture, escriptures in B und H
(in E escripture 31).

figure E 12, 25ᵛ, 26ʳ, 42ᵛ, 44ʳ, 45ᵛ, B 5, 9, 14, 25,
42, H 13ʳ, 19ʳ, 36ᵛ, 41ʳ, 64ʳ.. 82ᵛ.

nature E 12. 16, 17ʳ, 19 bis ᵛ, 38ᵛ, 44ʳ..., B 2, 3,
5, 7, 9, 13, 17..., H 6ʳ (6 mal), 9ᵛ, 12ʳ, 23ʳ, 28ʳ...

aventure E 20, 23 bis ᵛ, 32ʳ, 33ᵛ, 57ᵛ, 57 bis ᵛ...,
B 1, 3, 4, 5, 7, 8.., 20..., H 7ʳ, 8ʳ, 24ʳ, 25ʳ, 45ʳ,
67ᵛ..

creature E 25ᵛ, 51, 107, 107ᵛ, 131, B 1, 4, 8, 12, 14,
19, 20..., H 77ʳ, 78, 108ʳ.

Ferner *mesure, vesteure* (in B *resteures*), *vesture* (B, H),
visture (H).

murmures B, H, *murure* E 64 wohl ein Schreibfehler u.s.w.

In der Behandlung **der lat. Endungen ūtem und ūtum**
gehen die drei Texte insofern zusammen, als sie *ut* (*uz*) neben
uit zeigen, jedoch tritt *uiz* im Gegensatz zu E und H in B
selten auf.

ut, uz:

salut E 7 bis ᵛ, 61ᵛ, 81ʳ, H 15ᵛ, 29ᵛ, 31ᵛ, 38ᵛ,
39ʳ, 48ʳ, 50ʳ...; *saluz* B 35, H 37ᵛ, 40ᵛ.

virtuz E pr, 12, 15, 16, 17ʳ, 19 bis ᵛ, 20ᵛ, 22ᵛ...

vertuz E 13, 32ʳ, 66, 67ᵛ, 68 bis ᵛ..., B 3, 4, 5, 6,
7, 8, 14, 15..., H 3ʳ, 32ᵛ, 51ʳ, 65ᵛ, 68ᵛ..

vertut in E 9, H 95ᵛ.

servitut E 32ʳ, 43ᵛ, 69ᵛ, B 23.

prout (utilitas) E 133ᵛ, B 41.

muz (mutus) E 135, 135ᵛ, 138, 138ᵛ, 139, B 4, 20;
palut, treut (tributum) E 54, *tribut* etc.

uit:

saluit E 81ʳ, 81ᵛ, 85ᵛ, 115, 129, 139ᵛ, B 45, H 21ʳ,
96ᵛ, *virtuit* E 10, 16, 17ᵛ, 21, 29, 36ᵛ..., 85ᵛ, 86ᵛ...,
B 43, 44.

vertuit E 32ʳ, B 2, 4, 7, 10, 11, 12, .14..., H 8ᵛ,
11ʳ. 35ᵛ, 56ᵛ, 64ᵛ, 73ʳ...

servituit E 23 bis ᵛ, 24ʳ, 25ʳ, 25ᵛ, B 3, 24, 29, 32.
juventuit E 17 bis ᵛ; *juentuit* E 11.

uiz:

saluiz E 7 bis ᵛ, 90, H 49ʳ.

virtuiz E 22ᵛ, 44ʳ, 90ᵥ, B 44.

vertuiz E 65ᵛ, B 13, 21, H 8ʳ, 10ʳ, 11ᵛ, 17ʳ, 22ᵛ, 87ᵛ, 121ᵛ.

In den Participiis perfecti der der III st Conjug. zeigt sich im Masculinum *ut (uz)* neben *uit (uiz)*, im Femininum aber nur *ue*.

ut (uz):

venut E 20; *venuz* E 2a, B 2, 5, 7, 17, 22, 27 . . ., H 40ʳ, 72ᵛ, 94ʳ, 105ʳ; *devenuz* . . .

detenuz E 40ᵛ, 117ᵛ, B 38; *tenuz* H 63ʳ.

receut E 55, 57ᵛ, 64ᵛ, 72ʳ, 119, H 60ʳ, 67ᵛ, 69ᵛ.

conceut B 1, H 77ᵛ; *conceuz*.

cheuz E 6ᵛ, 85ʳ, 97ᵛ, 99, 112ᵛ, H 54ʳ, 100ʳ.

chauz B 14, 17, 19, 39, H 14ʳ, 35ʳ.

cheut ·E, H.; *chaut, geut* B.

emeuz E 74ᵛ, 117ᵛ, 120, B 1, 21.

conmeut H 7ʳ, 124ʳ; *conmeuz* E 28ʳ.

veut E 2ᵛ, 17ᵛ, 22ᵛ, 30ᵛ, 40ʳ, 45ᵛ . . ., B 21, 23, 24, 27, 28, 29 . . ., H 13ʳ, 57ʳ, 66ʳ. 67ʳ, 94ᵛ . . .; *reuz, věue, aparut, aut,* E. B. *tenut* . . .

uit (uiz):

venuiz E 3ᵛ, 16, 38, 80ᵛ, 124, B 11, 12, 13, 17, 18, 20 . . ., H 2ʳ, 5ʳ, 5ᵛ, 11ᵛ, 12ʳ, 14ʳ . ., 64ʳ . . .; *venuit.*

tenuit E 13, 17 bis ᵛ, 19ᵛ, 92, 110 . . ., H 87ʳ.

sostenuit E 35, 40; *tenuiz.*

conuiz E 20, 80ᵛ, B 39, — *connuiz* B 1, 3, 22 — H 107ʳ, 118ʳ.

aparuit E, B, *aparuiz* B, H; *semonuit* E 90ᵛ, B 2, 27, H 16ʳ; *somonuit* H 75ᵛ.

ue:

venue E 15, 81ᵛ, B 1, 8, 22, 26, 27 . . ., H 20ʳ, 77ʳ, 80ʳ, 94ᵛ; *tenue* E 19 bis ᵛ, 22, 47ʳ, 111ᵛ . . ., B 12, H 45ᵛ.

conue E 56, 56ᵛ; B 1, 10, 13, 22 . ., 27 . . .; H 103ʳ; *receue, deceue* . . .

Ferner: *estanduz* E 62, 100ᵛ, 101, 134; B 20.

batut E 10, 95; *abatuz* B 9, 14; *batut* H 99ʳ; *perdut, creut (croire)* B 12; *entenduz* etc.

etanduit E 13, 22ᵛ; *etanduiz* E 49ʳ, 61ᵛ, 62.

estanduiz E 63ᵛ, H 102ᵛ; *estanduit* E 63ᵛ, B 12.

batuit E 10, 44 bis ᵛ; *battuiz* H 86ʳ, 96ʳ.

entenduit B 1, 2, 12, H 30ʳ.

perduit E 7ᵛ, 118ᵛ, 135, 137, B 1, 7, H 17ᵛ, 31ᵛ, 80ʳ, 96ʳ; *renduit; cruit* E 5ᵛ, B 44 (von *croire*) etc.

estandue E 23 bis ᵛ, 39, 45ʳ, 49ʳ. 65 . . ., H 109ᵛ; *entendue* E 39ʳ, B 31, 40; *atendue* B 7, 10, 11, 13, 39, H 37ʳ, 102ᵛ; *perdue, etandue* etc.

Nach der III st. Conjugation geht das gewöhnlich nach der II st. Conj. flectierte Verb reponre; indem es im Part. perf. neben reponuit E 2α; *reponuz* E 76ʳ, 77ᵛ, 97, B 14. 20, H 80ʳ.

Lat. fr. u vor m oder n erhält sich in unsern Denkmälern: *uns* E pr, 5ᵛ, 6ᵛ, 7ᵛ, 8ʳ, 9, 13, 16..., B 3, 4, 8, 11, 12, 13..., H 2ʳ. 3ᵛ. 26ʳ, 64ʳ, 65ʳ, 65ᵛ... *un*. *chascun* E 20, 29, 32ʳ, 69ʳ..., B 3, 10, 11, 12, 13, 16, 19..., H 26ʳ. 38ʳ. 49ᵛ, 59ᵛ, 92ᵛ, 112ᵛ... *chascuns*. *une* E pr 3ʳ, 3ᵛ, 17ʳ, 20, 20ᵛ..., B 1, 2, 3, 10, 17..., H 1ᵛ, 2ᵛ, 11ʳ...

costume E 42ᵛ, 43ʳ, 43ᵛ, 62ᵛ, 105ᵛ, 125..., B 1, 3, 10, 32, 35, 40..., H 4ʳ, 18ʳ, 20ᵛ, 41ᵛ, 48ʳ...

june E 54ᵛ, 55; *jeunes* B 5; *jun, june* H 100ʳ, 111ʳ. *lune* E 50ʳ, B 27, H 31ᵛ, 64ᵛ, 80ʳ, 80ᵛ.

comune, ancun, ancuns, ancune, neben der Form für das Masc. *ancuens* E 11, 34ʳ, B 8, 11, 12, 15, 17, 20..., H 2ᵛ, 3ʳ, 17ᵛ, 24ʳ. 32ᵛ, 53ʳ... *ancuen*.

Lat. geschl. ū erhält sich im frz. als ü. *plus* E pr. 4ᵛ, 4 bis ᵛ, 9..., B 2, 3, 4, 5, 7..., H 1ᵛ, 2ʳ, 2ᵛ, 3ᵛ, 4ᵛ...

nuls E pr, 9, 11, 19 bis ᵛ, 26..., B 1, 2, 3, 4, 5, 6, 7..., H 5ʳ, 5ᵛ, 7ʳ, 19ᵛ, 22ᵛ, 25ᵛ... *nul*.

just (fustis) E 6ᵛ, 47ʳ, 47ᵛ, B 26, H 14ʳ, 36ʳ, 102ᵛ; *fusts* E, *fuz* E, H. *feust* E 57ᵛ.

juste E 36ᵛ, 44ʳ, 76ᵛ, 77ʳ..., B 3, 4, 12, 14, 16..., H 35ʳ, 52ᵛ, 58ʳ, 58ᵛ, 60ʳ, 60ᵛ...; *justes; sus; (jus B), ensus*, etc.

pluis = plus, welches sich H 105ʳ, 25 befindet, ist wohl als Schreibfehler anzusehn, zumal es sich auf Rasur befindet. Suchier glaubt, es sei aus ursprünglichem *pluisor* stehen geblieben.

Lat. Namen auf us behalten auch im frz. die Endung us, z. B. Matheus. Mateus, Ihesus Crist, Agabus E., Cornelius etc.

Lat. ū und ĭ, welches sich aus anderen Lauten entwickelt, wird ui, daneben findet sich auch u. *fruit* E 36ʳ, 84ᵛ, 114ᵛ, B 2, 7, 8, 10, 12..., H 5ᵛ, 9ᵛ, 33ʳ, 74ʳ, 74ᵛ...; *fruiz; fruz* E 25ʳ, B 2, 30; *frut* E 114. *cuidet (* cugitat)* E 36, 91. B 7, 8, 36. H 73ᵛ; *cuident, cuidex. cudent* E 110ᵛ; *cucet* E 117ᵛ; *enstrure* B 21.

Hieran sei gleich der Fall angeknüpft, wo in unseren Texten ein ui sich im Auslaut aus ū und i entwickelt: *lui (illhuic)* E 3ᵛ, 4ᵛ, 4 bis ᵛ. 5ᵛ. 6ᵛ, 6 bis ᵛ..., B 1, 2, 3, 5, 9..., (*luy* B 1, 4, 5, 7, 8, 10...), H 2ʳ, 5ᵛ,

6ᵛ, 9ʳ, 12ʳ ...; *celui* E 69ᵛ, 129, (sonst *cellui*) B 3, 4, 5, 6,
7, 9 ... (und *celuy* 1, 3, 4, 10, 11). H 5ᵛ, 8ᵛ, 13ᵛ, 14ᵛ....
cestui und E *cesteui*; *cui* E pr, 2a, 2ᵛ, 4ᵛ, 5ᵛ, 6ᵛ, 9 ... neben
qui, kui B 1, 4, 5, 7, 8, 9, 11 ... *(cuy)* H 5ʳ, 7ᵛ, 9ʳ, 11ᵛ,
12ᵛ... *dui* E 30ʳ, 47ᵛ, 61, 119ᵛ..., B 4, 9, 12, 14, 30 ...
H 44ʳ, 55ᵛ, 63ᵛ, 65ᵛ, 69ʳ....
    andui E, H. *ambedui* B; *fui.*

Im Inlaut entsteht ui aus ŭ und i in *fuire* E 97ᵛ, 98,
100ᵛ; *fuit, fuient. destruiz* E 130; *destruit* B 37; *estruite*
H 69ᵛ; *destruire* B 24, 25, H 55ᵛ. Daneben *destroit* E 115,
uix B 12, H 21ᵛ, 67ʳ, 109ʳ, *(ustium); puis (puteus)* E 136ᵛ;
puix B 45; H 69ʳ; *tuit* E 17ʳ, 17ᵛ, 20, 30, 36ʳ ... B 1, 3,
4, 5, 6, 7 ...; H 2ᵛ, 4ᵛ, 12ʳ, 13ᵛ, 17ᵛ, 18ᵛ, 19ʳ ...
    Daneben zeigt sich u in *uz* H 124ᵛ, *puz* B 45, *tut* B 43,
fui wird E 95ᵛ zu *feu.*
    Der Umlaut wirkt auch in: *fut* E pr, 2a, 3ᵛ, 6 bis ᵛ,
7ᵛ, 7 bis ᵛ, 8ʳ... B 1, 2, 3, 4, 5, 6 ... H 2ʳ, 2ᵛ, 3ᵛ, 5ʳ,
8ᵛ, 9ᵛ.... *(fu = fut* E 5ᵛ). *fust* E 4ᵛ, 6ᵛ, 20ᵛ, 40ʳ...
B 1, 3, 5, 7, 9, 10, 12 ... H 2ʳ, 2ᵛ, 3ʳ, 7ᵛ, 10ᵛ...; *fussent*
E 13, 53 bis ᵛ, 92, 96, 98ᵛ...; B 4, 8, 12, 18 ... H 10ᵛ,
23ᵛ, 41ʳ, 42ᵛ, 53ʳ... neben *fuissent* H 67ʳ, 127ʳ.

**Dasselbe ist auch der Fall beim Subjunctiv Imperfecti
der Verben der III. st. Conj.**
    aust E 2a, 8ʳ, 9, 13, 15, 30ᵛ..., B 4, 7, 9, 10, 12, 15...;
H 2ʳ, 3ᵛ, 5ʳ, 18ʳ, 26ʳ... *aussent* E 15, 20ᵛ, 106ᵛ, B 4,
13, 19, 23, 24 ... H 12ʳ, 42ᵛ, 67ʳ, 88ʳ, 96ᵛ... *deust*
E 3ᵛ, 125ᵛ, 127, B 12, 15, 24, 44, 45; H und E daneben
dust H 29ʳ, E 88ᵛ; *dussent* E 118ᵛ; H 6ᵛ; *deussent* B 7,
28, 35; H 110ʳ, ferner *nolust, volust, peust* und *pust, peussent,
saust* etc., daneben aber *duist* E 3y, 7ᵛ, 16, 44ʳ, 93ᵛ...;
B 5, 18, 21, 24: H 5ʳ, 21ʳ, 47ᵛ, 53ᵛ, 54ʳ...; *stuist* E 4ᵛ;
puist E 9, 10, 27, 30ᵛ, 31, 35, 35ᵛ..., B 1, 3, 5, 6, 7, 8 ..
22; H 2ʳ, 7ʳ, 26ᵛ, 42ᵛ, 46ʳ....
    Auch im Perfectum der III starken Conj. tritt u neben
ui auf: *furent* E 20ᵛ, 22ᵛ, 28ᵛ, 30, 44ᵛ..., B 1, 8, 9, 12,
14 ...; H 1ᵛ, 2ʳ, 6ᵛ, 7ᵛ, 18ʳ...; *cheurent* E 62, 87ᵛ,
120, 131; H 14, 44ʳ; *chaurent* B 41; H 10ʳ; *aparurent* E
26ʳ, B 16, 39, 43, H 66ʳ; *crurent, permanurent, sturent* neben
esturent, receurent.
    Im Singular *cheut* E 6ᵛ, 5ᵛ, 84ʳ, 97ᵛ, 99, 134, B 44
(*chaut* B 8, 36, 39); H 52ʳ, 123ᵛ; *geut* E 87ᵛ, 115; H 67ʳ,
67ᵛ, 109ᵛ; *apparut* B 24, 28; *aparut* E 45ʳ, 46ʳ, 82ᵛ, 83ᵛ,
100, B 12, 13, 17, 22, H 16ᵛ, 124ᵛ; *put, estut, creut; mainent*
E 107ᵛ, *mainiut* B 2, H 27ʳ, 27ᵛ, 28ʳ, neben *aparuit* E

79ᵛ, 80ʳ. 12, 13, 29ᵛ, 26ʳ... B 1, 3, 16, 20, 24...;
H 124ᵛ; *apparuit* B 18, 24; *duit* E 3ᵛ, 46ʳ.., 102, 107..,
B 15, 19, 20, 21..., H 3ᵛ, 40ᵛ, 47ʳ, 87ʳ, 90ʳ..., *dui*
(debui) E...99, 111ᵛ, 125, 128, B 28; *dui (docui)* E 44ᵛ;
*cruit (*creduit)* E 93, B 9, 12, 14, 44, H 13ʳ; *cruit (excrescuit)*
E 16: *arruit* H 7ʳ.

Statt des erwarteten u findet sich eu in den lothringischen Formen des lat. Wortes *viduus*; dieses entwickelte sich
über *veduus, véudus* zu *veut* E 22ᵛ, B 20; *veuz* E 43; *veudes*
E 22, 106; *veude* E 90, B 26, 35, 37. H zeigt aber oi in
voide 42ᵛ *(vocita?)*.

Ueber das aus ŏ und i entstandene ui siehe unter ŏ
und i.

II. Lat. fr. ō und ŭ,

ausgenommen vor n und m, zeigt in den vorliegenden Texten
die Entwickelung zu ou und die Vereinfachung zu o, wird
aber nie zu eu oder u. Was nun die Verteilung der
Schreibungen ou und o anbetrifft, so entspricht ou meist
dem nfz. eu oder œu und o dem nfz. ou oder o. Eine durch-
gehende Ausnahme der obigen Regel machen lor und sol,
doch zeigen die letzten Predigten in B (Nr. 43—46), die
nach Förster Rom. Forschungen II, 191 ff. von einem zweiten
Schreiber geschrieben sind, das dem nfz. seul entsprechende
soul.

dous E pr, 23 bis ᵛ, 31, 31ᵛ, 32ʳ, 48ʳ..., B 1, 2, 3,
4, 8, 9, 10..., H 1ᵛ, 7ᵛ, 9ʳ, 22ᵛ, 23ᵛ...., *dos* E pr,
22, 23ᵛ, 32ʳ, 39ᵛ, 47ᵛ..., B 11, *andous* B 9, H 14ʳ, 42ᵛ,
57ʳ, 90ᵛ...., *andos* E 34ʳ, 111, H 42ᵛ, *ambedous* B 1, 28,
43. *sol* E 13, 16, 17ʳ, 28ᵛ, 32, 35ʳ.., 73ᵛ...., B 1, 2, 7,
8, 10, 12, 14..., H 16ʳ, 17ᵛ, 35ʳ, 37ʳ, 39ᵛ..., 93ʳ....,
sols, sole, solement, sos E 12, *soul* B 43, 44, *souls* B 45, *soule*
B 43, 44, *soulement* B 43, *mours (mores)* E 33ᵛ, 49ᵛ, 52,
B 9, 23, 24, 25, 27..., H 32ʳ, 78ᵛ, *mors* E 55ᵛ, 98, 140.
sor (unbetont) 4ᵛ, 4 bis ᵛ, 8ʳ, 13, 30ᵛ..., 69ʳ..., B 3,
7, 8, 10, 11, 12..., H 8ᵛ, 11ᵛ, 14ʳ, 20ʳ, 38ʳ..., *desor*
E, B, H, *desore* E, B, *desoure* E 30, 32ʳ, 34ʳ, 45ʳ...
B 44, *plor* E 102ᵛ, B 9, 15, 32, 35, H 88ʳ, *plour* E 84ʳ,

102, 108, 110, 115, B 43, *lor* (unbetont) E 3ᶜ, 6ᵛ, 10, 11,
17ᵛ, 20, 36ᵛ.., 72 bis ʳ, B 1, 2, 3, 4.., 9, 10...,
H 5ᵛ, 6ᵛ, 7ʳ...; 64ʳ, 64ᵛ, 65ʳ..., *noz (nodos)* 78 bis ᵛ.

Die lat. Endung -osum (osam) giebt in allen Denkmälern ous, ouse, daneben os, ose, jedoch sind in B und H
diese letzteren Formen selten.

ous: *espous* E 13, 125, B 2, 4, 9, 10, 20, 27..., *famillous*
E 50ʳ, B 14, 43, H 43ʳ, 75ʳ, 98ʳ, 105ᵛ..., *tenebrous*
E 41ᵛ, 50, 53 bis ᵛ, B 24, 27, *irous* E 9, 98ᵛ, 113ᵛ,
bienaurous E 93, 99, (*bieneurous* E pr, 32), B 3, 10, 15, 21, 44,
oysous E 41ᵛ (*visous* E 140ᵛ) B 36, *malaurous* B 1, 3, H 53ᵛ,
54ʳ, 83ʳ, 119ᵛ, *precious* B 4, 10, 15, 17, 42, H 45ᵛ, 46ᵛ,
70ʳ, 81ʳ, 81ᵛ...

ouse: *mervillouse* E 9, 35, 39ᵛ, 43ʳ, 56..., B 9,
H 25ʳ, 85ʳ, 94ᵛ, 125ᵛ, *voisousement* E 54, 55, 65, B 37,
H 92ʳ, 93ʳ, *pretiouse* E 102ᵛ, *preciouse* B 3, 23, 31, 39, 44,
H 10ᵛ, *cusancenousement* E 41ʳ, 53ᵛ, 53 bis ᵛ, 63, 65, 84ᵛ,
B8, 16, 39, 43, *cusencenousement* B 29, 41, H 87ᵛ, *espouse* etc.

os: *bienauros* E pr, B 43, 44, *bieneuros* E 93, *orguillos*
E 59, 107, H 88ᵛ, *orgoillos* E 87ᵛ, 91, *parveros* E 74 bis ᵛ,
115, 128ᵛ, B 26, *paveros* H 98ʳ, 114ʳ, 114ᵛ; ferner in E
oisos 140ʳ, *bienaueros* 102ᵛ, *dotos* 57 bis ᵛ, *religios*, *besignos* etc.

B: *iros* 34, *trembleos* 25. **H:** *fievros* 114ᵛ. **ose:** *espose*
B 27, *bienaurose* B 43, *cusancenosement* B 9, 36, E 25ʳ, *mer-
villose* H 74ᵛ, *dotose* E 55ᵛ, 89, *negligeose* E 106ᵛ, *vigorose-
ment* E 22, 60, 94, *pretiose* E 111 etc.

Daneben findet sich besonders im I. Teil von B die
Schreibung -ols: *besignols* E 27ʳ, B 3, 6, 7, 13, 14, 15, 35,
H 70ᵛ, 110ʳ, 119ᵛ, *cusancenols* B 3, 4, 5, 9, 11, 12, 32, 34...,
cusencenols B 7, 8, 10, 27, 30, 37..., H 124ʳ, *hontols* B 4, 15,
20, 28, H 68ʳ, 100ᵛ, *dedaignols* B 21, 27, *paverols* H 89ʳ.

Die lat. Endung -orem wird in den vorliegenden Texten
meistens (in H nur 1 Ausnahme) durch or wiedergegeben.
Das Suffix our findet sich in E und B, und zwar im letzteren
vorwiegend in dem Teile, der von dem zweiten Schreiber
herrührt: *signor* E 2a, 3ᵛ, 5ᵛ, 6ᵛ, 6 bis ᵛ, 8ʳ..., B 1,
2, 3, 4, 5, 6, 7, 8..., H 2ʳ, 3ʳ, 5ʳ, 8ᵛ, 9ʳ, 9ᵛ, 10ʳ, 10ᵛ..,
64ᵛ..., *segnor* B 43, *ardor* E 15, 17ᵛ, 37ᵛ, 51, 80, 81ʳ...,
B 36, H 51ᵛ, 54ʳ, 87ᵛ, 91ʳ, 92ᵛ..., *onor* E 7ᵛ, 10, 21,
111ᵛ, 114, B 10, 11, 12, 23, 39, 41, 45, H 32ᵛ, 34ʳ, 49ᵛ,
111ᵛ, *onors* B 3, 28, *honor* B, H, *honors* E 41, 110ᵛ, B 9,
13, 19, 38..., H 79ʳ, 122ʳ, *amor* E 8ʳ, 15, 17 bis ᵛ, 22,
22ᵛ, 23 bis ᵛ, 32ʳ.., 69ᵛ..., B 2, 3, 4, 10, 13, 16, 19...,

H 7ᵛ, 17ᵛ, 18ᵛ, 47ᵛ, 55ᵛ, 63ᵛ, 67ʳ ..., *amors, omor* E
70ᵛ, *imors* E 30ᵛ, *dolor* E 9, 38ʳ, 52ᵛ, 78ʳ, 102ᵛ, 132ᵛ ...,
B 7, 8, 9, 10, 15, 18, 21, 24 ..., H 56ᵛ, 88ʳ, 111ʳ, *dolors*,
pavor E 16, 17ʳ, 27ᵛ, 38ʳ, 77bᵛ, 85ᵛ ..., B 25, 28, 39, 40,
H 19ᵛ, 20ᵛ, 35ᵛ, 52ʳ, 53ʳ, 88ʳ ..., *pavors, plusor* E 24ᵛ,
66, 67ʳ, 110, 116, 123ᵛ, *pluisor* B 18, 21, 36, 39, 40 ...,
H 26ʳ, 28ᵛ, 80ʳ, 86ᵛ, *plusors* in E und B 45, *pluisors* B
und H, *splandor, pastor.*

Lat. *pavorem* findet sich in E auch als *pavvor (pavrors)*
und in H und E mit Ausfall des vv als *paor* E 31ᵛ, 32ʳ,
122, H 9ʳ, 125ʳ.

Weitere Beispiele sind: *rachator* E 69ᵛ (— häufiger ist
rachetor E 5ᵛ, 13, 15, 16, 17ᵛ ..., *rachœtor* E 108 —),
B 23, 30, H 21ᵛ, 49ʳ, *pecheor* E 16ʳ, 38ʳ, 52ᵛ, 55, B 20,
21, 31, 34. 37, H 6ʳ, 33ʳ, 34ᵛ, 52ᵛ, 89ʳ, *pecheors, jugeor*
E 17ʳ, 17ᵛ, 92ᵛ, 93, 131ᵛ, B 4, 9. 44, H 25ʳ, 127ᵛ,
moyenor B 17, *moyeneor* B 23, *moienor* H 91ᵛ, E 17ᵛ, 48ʳ,
proicheor E 17ᵛ, 17 bis ᵛ, 20ᵛ, 21, 21ᵛ, 23 bis ᵛ ..., 70ᵛ,
114, B 28, H 42ʳ, 58ʳ, 84ᵛ, 98ʳ, *proicheors, creator* E 53
bis ᵛ, 70ʳ, 70ᵛ, 92ᵛ, 114, B 12, 30, 34, 44, H 89ʳ, 105ʳ,
126ᵛ, *criator* E 51, 98ᵛ, H 77ʳ, *salveor* E 19 bis ᵛ, 51, B 9,
43, *salvuor* B 4, 5, 6, 10, 12, 13, 15 ..., H 24ᵛ, 41ᵛ, 43ᵛ,
47ʳ, 67ʳ, 69ʳ ..., 115ʳ ..., *dator* E 22, 22ᵛ, *da ors*
H 117ʳ u. s. w.

our: *savour* E pr, 34ᵛ. B 24. 43. In E: *splandour*
E 37ᵛ, *paour* E 9, 32ʳ, *menour* E 4ᵛ, *acrours (= horror)*
E 50ʳ, *faisour* E 111ᵛ, sonst *faisor* E 16, 32ʳ, 41ʳ, 54,
62 ..., *faiseor* E 52ᵛ, *vvaitour (= speculatorem)* E 125ᵛ,
132ᵛ, *enseour* E 17ᵛ, *moienour* E 3ᵛ, 47ᵛ, 48ᵛ, *creatour*
E 41ʳ, 62, 75ʳ, 99, 115, *criatour* 125, *rigour* 133, *dolour* 133,
langour 133. In B *odour* 41, 43, *labour* 43, *tevour* 43, *cri-
mour* 44, *serour* 44, *fervour* 30, 43.

H: *salvour* 40ʳ, — *salvor* 124ʳ —.

Lat. ged. ō oder ŭ, ausgenommen vor m oder n, wird
wie gemein-französisch zum Laute des tiefen ǫ. Von den
vorliegenden Texten zeigen E und B zuweilen hierfür die
Schreibung ou, H dagegen behält streng die Schreibung o
bei, ausser in *touz* 9ʳ und *douze* für *doze* 31ʳ.

Neben der Schreibung ou weist E auch noch u auf, die
auch der zweite Schreiber von B gebraucht in *tut* B 43.

toz E 9, 13, 16, 17ʳ, 17ᵛ, 30ᵛ.., 68 bis ᵛ, 70ʳ ...,
B 1, 3, 4, 6, 8, 10, 11 ..., H 4ʳ, 4ᵛ, 10ʳ, 13ʳ, 13ᵛ, 17ʳ ...,
91ᵛ, *tot, tote* (B und H auch *tolte*), *totes (toltes) pertot; gotes*

E 11, *gottes* B 32, 45, *gote* H 125ʳ, *boche* E 12, 21, 22,
32ʳ, 54, 58, 70ʳ ..., 96ᵛ ..., B 1, 4, 7. 8. 9, 12, 15 ...,
H 5ʳ, 11ʳ, 13ᵛ, 39ᵛ, 53ᵛ, 127ᵛ, *repos* E 23ᵛ, 25ʳ, 50ᵛ,
110, 110ᵛ ..., B 10, 33, 39, 40, H 27ʳ, 34ᵛ, 42ʳ, 48ʳ,
59ʳ, 60ᵛ ..., *colpe* E 130ᵛ, B 2, 4. 5, 8, 10, 20, 22 ..., H 24ᵛ,
57ʳ, 57ᵛ, 58ʳ, 58ᵛ, 60ᵛ, 61ʳ, 86ʳ, *dotet* E 27ᵛ, 28ʳ, 59,
71ᵛ, 91ᵛ, 96 ..., B 12, — *dottet* B 3, 10, 12, 24, 26, 27, —
H 79ʳ, *docet* (= *dubitat*) E 22ʳ, 90, B 7, 32, H 5ᵛ, 52ᵛ,
mostret E pr, 2a, 3ʳ, 5ᵛ, 6ᵛ, 8ʳ ..., B 1, 4. 5, 6, 14, 16,
20 ..., H 2ʳ. 3ʳ, 5ᵛ, 7ʳ, 8ᵛ, 11ᵛ, 12ᵛ ..., *aiostet* E 15,
43ᵛ, 45ʳ, 45ᵛ, 46ʳ, 50ᵛ, B 7, 36, H 49ᵛ, 72ᵛ, *desoz* E 13,
22ᵛ, 23ᵛ. 23 bis ᵛ, 25ᵛ, 26ʳ ..., B 3, 4, 6, 8, 9, 10, 12,
17 ..., H 1ᵛ, 3ᵛ, 4ᵛ, 17ᵛ, 33ᵛ, 40ʳ, 42ᵛ ..., *botet* (mhd.
bôzen) E 11, H 9ʳ, *bottet* B 27, *bottes* H, *botent* E, *debotet* E,
rebotet B, *tochet* (ahd. *zúchon*) E 3ʳ, 3ᵛ, 4ᵛ, 4 bis ᵛ, 5ᵛ,
6ᵛ ..., 38ᵛ ..., B 9, 32, H 3ʳ, 3ᵛ, 32ᵛ, *atochet* E 75ʳ,
77ʳ, 131, (*atachet* = *tangit* E 75ʳ ist wohl ein Versehen des
Copisten), *ratochet* B 9, *retochet* H 3ʳ, *doze* (aus lat. *dōdeze*,
Wölfflin's Archiv V, 106) E 11, B 21, 27, 39, H 30ᵛ, 31ʳ,
31ᵛ, 47ʳ, 48ʳ ...., *ordene* 3ʳ, 3ᵛ, 17ᵛ, 22ᵛ, 56, 69ᵛ ...,
B 1, 9, 13, 15. 28, 30 ..., H 25ᵛ, 67ᵛ, 80ᵛ, 85ᵛ, 108ʳ ...,
jor E 5ᵛ, 8ʳ, 10, 17ᵛ, 25 ..., B 3, 5, 8, 9, 10, 11, 12 ...,
H 9ᵛ, 12ᵛ, 13ʳ, 15ᵛ, 17ʳ, 17ᵛ ..., 102ᵛ ..., *cort* B 8,
H 55ᵛ, 57ʳ, 94ʳ, 94ᵛ, 100ʳ ..., *cort* (*currit*) E 38ʳ, 38ᵛ,
39ᵛ, 44, 112, B 7, 21, 26, 27 ..., H 16ʳ, 27ᵛ, 31ᵛ, 80ᵛ,
tornet E 31, 43ᵛ, 44ʳ, 64ᵛ, 94ᵛ, 121ᵛ ..., B 5, 9, 11, 13,
24, 27, 28 ..., H 34ʳ, *tort, corre, decorrent, roge* ...

ou: *douze* H 31ʳ, *courz* (*cohors*) B 22, *cours* (*cursus*)
B 1, 36, *tour* B 28, *decours* B 39, *coulpe* E 127ᵛ, *oultre*
E 23ᵛ, *oulle* (*ōllam*) E 115, *doulz* E 45ʳ.

In Worten, wo lat. l stand, zeigen alle drei Texte die
Schreibung ou: *outre* (*ultra*) B 11, H 48ʳ, 104ᵛ, *oultre*
E 23ᵛ, *foudre* E 37ᵛ, 40ᵛ, B 1, *foudres* E 37ᵛ, 38ᵛ, aber
foldres H 121ʳ, *douce* (*dulcem*) E 121ᵛ, B 2, 12, 21, 22, 24
33 ..., *doucement* H 52ʳ, 125ʳ, *douz, oule* (*ollam*) B 42,
escoutent E 123ᵛ, 140, *escoute* H 33ᵛ.

Meist findet sich aber die Schreibung mit o vor l, zuweilen schwindet auch hier das l: *molt* E pr, 2a, 6ᵛ, 8ʳ,
17 bis ᵛ, 21ᵛ, 25ᵛ ..., B 1, 2, 3, 4, 5, 6, 7 ..., H 2ᵛ, 4ʳ,
6ᵛ, 8ᵛ, 20ᵛ, 34ᵛ ..., 66ᵛ ..., *moz* B 7, *oltre* E 11, B 5,
11, 12, 26, 27, 32 ..., H 11ʳ, *dolce* E 108, 108ᵛ ..., *doz*
E 122ᵛ, *doce* B 3.

u für ǫ findet sich in E: *curt* (*currit*) E 38ʳ, *recurre*
E 93, *recurrent* E 40ᵛ, 76ʳ, *culpe* E 12, 27ʳ, 46ᵛ, 52ʳ, 60,
65 ..., 89ᵛ ...

Lat. *usque* (ad.) zeigt in den vorliegenden Texten *josc'a*
E 57 bis ᵛ, 62, *josk'a* H 34ᵛ, 35ʳ, 37ʳ, 95ᵛ, *eniosk'a* B 1,
2, 5, 7, 8, 9, 11, 12 ..., daneben meist in E: *josc'ai* E 22,
22ᵛ, 49ʳ, 57 bis ᵛ ..., sowie in E *jesc'a* E 83ᵛ, *eniesc'a*
8ʳ, 72ᵛ, 73ʳ, B 44, *jesc'ai* E 6 bis ᵛ, 12, 15, 17 bis ᵛ,
24ᵛ, 27ʳ, 36ᵛ ...

Lat. ō̆ und ŭ vor i oder mouillierten Lauten giebt oi:
voiz E 12, 21ᵛ, 72 bis ᵛ, 73ᵛ, 74ᵛ, 74 bis ᵛ, 75ʳ, B 7,
13, 22, 24, 28, 34, 43 ..., H 42ʳ, 54ʳ, 64ᵛ, 76ʳ, 76ᵛ,
77ʳ ..., *voix; croix* E 47ʳ, 47ᵛ, 60, B 4, 8, 10, 13, 17, 21,
23.., H 14ʳ, 19ʳ, 28ʳ, 35ʳ, 36ʳ, 37ʳ, 39ʳ, 40ʳ, 48ʳ ...,
conoist E 21, 117ᵛ, B 2, 3, 9, 22, 23, 25, 35 ..., H 12ʳ, 21ᵛ,
84ᵛ, 98ᵛ, 127ʳ, *conoix* E 20, — sonst *conois* E 20, 77, 102ᵛ,
103 —, B 15, 47, H 12ʳ, 12ᵛ, 21ᵛ, 24ʳ.., 73ʳ, 76ʳ ...,
conoissere E 20, *conoistre* H 12ʳ, 14ᵛ, 16ʳ, 21ʳ, 41ᵛ, 97ʳ,
conoissre H 31ʳ, *oyle (oleum)* E 22, 22ᵛ, 43ʳ, 118, B 5, 25,
34, H 9ʳ, *oile* B 34, H 81ᵛ, oyl. B 7, *orgoil (*orguoli)*
E 13, 17ʳ, 55, 62, 87, 88ᵛ, 91ᵛ ..., B 1, 3, 9, 10, 16, 20, 21,
22 ..., H 35ʳ. 38ᵛ *(orgoyl* B 1, 43), *angoisse* E 50ᵛ, 100ᵛ,
111ᵛ, H 92ʳ, *genoilles* E 134ᵛ, *genoil* H 37ᵛ, 95ᵛ u. s. w.

Daneben zeigen die behandelten Texte auch ǫ:
conossere E 33ᵛ, 84ʳ, 115, 132, B 45, *conostre* B 3, 9,
17, 21, 22, 23, 32 ..., H 31ʳ, 115ʳ, *conossent* E 7 bis ᵛ,
90ᵛ, 95, B 9, *conoxent* B 11, 12, *conosset* E 23 bis ᵛ, 25,
conost B 43, *conos* (2 Sing.) H 105ᵛ, *genolles* E 21, *genoz*
B 19, 22, 24, H 37ᵛ, 38ʳ, 110ᵛ.

Für ǫi zeigt E ui in: *cruix, cruiz* 4 bis ᵛ, 47ʳ, 52,
47ᵛ, doch ist an der letzten Stelle *cruiz* in *croix* verbessert,
so dass diese Stelle in der Hs geschrieben ist: *cruiz*ᵒⁱˣ.

Lat. ō̄, ō̆ und ŭ vor folgendem m oder n, weist neben
der Schreibung o häufig die mit u auf.
nom E 3, 8, 13, 21, 27, 28ʳ.., 59 ..., B 1, 2, 7, 10, 12,
18, 19, 21 ..., H 5ᵛ, 8ʳ, 8ᵛ, 12ʳ, 13ᵛ, 17ʳ.., 37ʳ...,
101ʳ, *non (nomen)* B 20, 21, 43, H 25ᵛ, *nons, hom* E pr,
5ᵛ, 6ᵛ, 7ᵛ, 8ʳ, 17ᵛ, 26ʳ.., 77bᵛ.', ..., B 1, 2. 3, 4, 5, 7, 8,
9 ..., H 2ʳ, 3ᵛ, 8ʳ, 9ᵛ. 16ᵛ.., 64ᵛ, 66ᵛ..., *om* E pr,
4ᵛ, 8ʳ, 12 ..., B 3, 4, 7, 8 ..., H 1ᵛ, 3ᵛ, 4ᵛ, 5ᵛ..,
homme, hommes, ommes, neben *honme, onme* in E und H, *don
(donum)* E 7ᵛ, 15, 23 bis ᵛ, 24ᵛ, 28ʳ, 28ᵛ..., 117ᵛ...,
B 2. 3. 4, 40, 44, H 24ᵛ, 112ᵛ, 113, 124ʳ, *donnes, dons,*
und B *dones* 11, *mont* E 13, 97ᵛ, 101, 124, B 2, 12, 39.
H 2ʳ, 5ʳ, 11ᵛ, 14ʳ, 33ʳ, 35ᵛ.., 103ᵛ .... *songes* E 2ᵛ,
3ʳ, B 28, *songe* H 90ʳ, *respondre* E 2ᵛ, B 35, 41, H 7ʳ,

64ᵛ, 76ʳ, 98ᵛ ..., *encontre* E 2a, 6 bis ʳ, 8ʳ, 9, 12, 13 ...,
72 bis ʳ (*encontra* 66, *encontrei* 110), B 1, 3. 4. 5, 6, 7, 8 ...,
16 ..., H 6ᵛ, 11ᵛ, 14ᵛ, 18ʳ, 25ᵛ. ., 84ʳ ..., *lonz (longus)*
E 2a, 7 bis ᵛ, 23 bis ᵛ, 37ʳ, 40ᵛ .., 75ʳ .., B 1, 3, 4, 12,
27, 28, 29 ..., H 8ᵛ, 37ʳ, 39ᵛ. 44ᵛ, 52ʳ ..., *lonc, selonc*
E pr, 5ᵛ, 12, 21, 28ᵛ, 29, 34ʳ .., 125 ..., — *selon* E 12 —,
B 1, 3, 4, 8, 9, 10, 11, 12· ..., H 2ᵛ, 3ʳ, 9ʳ, 9ᵛ, 18ʳ,
25ᵛ, 26ᵛ. ., 100ʳ.., *lonzes* (= *lumbos*) E 80ʳ, 80ᵛ, 81ʳ.
81ᵛ, B 9, *lonze* H 32ʳ, *lonszes* E 81ᵛ, während *lonz* E 81ʳ
wohl nach Hofmann ein Schreibfehler ist, *fronz* H 13ᵛ, 127ʳ,
front E 109ᵛ, 110ᵛ, 111, B 43, 44, *son* E pr, 2a, 3ᵛ, 4ᵛ, 4 bis
ᵛ ..., B 1, 2, 3, 4, 5 ..., H 2ᵛ, 4ʳ, 7ᵛ, 8ᵛ, 9ʳ .., 88ʳ,
88ᵛ ..., *mon, toh, dons (tunc)* E pr, 2a, 3ʳ, 8ʳ, 13, 16,
17ʳ .., 75ʳ ..., B 1, 3, 4, 6, 8, 9, 10 ..., H 6ᵛ, 8ʳ, 9ʳ,
9ᵛ, 11ʳ, 13ʳ .., 109ᵛ ..., *adons, donckes, donkes* in E, *don-
ques* E, B, *doncques* B 44, 45, *onkes, seconde* E 10, 22, 61,
B 4, 9, 14, 17, 21 .., 44, H 10ʳ, 20ʳ, 85ʳ, *secont, nombre*
E 24ʳ, B 19, 21, 32, 41, H 104ᵛ, *nonbre* H 31ʳ, 31ᵛ, 41ʳ,
53ᵛ, 68ᵛ ..., *anoncet* E 8ʳ, 12, 20, 30ᵛ, 47ᵛ .., B 11, 13,
14, 15, 16, 17 ..., H 14ᵛ, 51ʳ, 113ᵛ, 119ᵛ, *monde* E 110,
H 18ᵛ, 78ʳ, 80ʳ, 121ʳ, *sommes* E 26ʳ, 28ʳ, 85ʳ, 114,
119 ..., B 3, 4, 6, 8, 9, 10 .., *sons (sumus)* E 58ᵛ, 85ʳ,
101, H 2ʳ, 4ᵛ, 12ʳ, 16ʳ, 17ʳ, 20ᵛ ..., *sons = sunt* H 23ʳ,
24ʳ, *seront* E 7 bis ᵛ, 19 bis ᵛ, 50ʳ ..., B 1, 4, 7, 8,
H 4ᵛ, 9ʳ, 36ʳ, 51ʳ, 55ʳ, 77ʳ ..., *verront* E 5ᵛ, *varront*
B 4, 8, 11, 27, *vairont* H 4ᵛ, 125ᵛ. (ein Schreibfehler ist
respandet E 54 = *respondet*.

u: Hierbei ist jedoch zu bemerken, dass die Schreibung
mit u vor allem in E und H vorkommt, jedoch in B findet
sie sich auch in Wörtern wie: cum, munde, um, humle u. s. w.
In der 3. Pers. Pluralis Futuri ist in E die gewöhnliche
Endung -unt, desgleichen überwiegt sie auch in H, während
sie in B nur vereinzelt auftritt.

cum E pr, 2a, 2ᵛ, 3ʳ, 3ᵛ, 4ᵛ ...., B 1, 3, 4, 8, 11,
12 ..., H 1ᵛ, 2ᵛ, 3ʳ, 3ᵛ, 4ʳ, 4ᵛ ..., *munde* E 3ᵛ. 15,
17ᵛ, 20ᵛ, 22ᵛ, 27ʳ ..., B 1, 2, 3, 4, 5, 6, 7, 9 .., 15 ...,
H 3ʳ, 5ʳ, 18ʳ, 18ᵛ, 23ᵛ, 24ʳ .., *mumde* H 44ʳ ist wohl
ein Schreibfehler, *humle* E 75ʳ, 91, 91ᵛ, 105, B 8, 16, 20,
24, 31 ..., H 32ʳ, 34ᵛ, *humles, humlement, umle* B 10, 12,
14, 43, *um = om* E 52ᵛ, 139, B 2, 3, 9, 10, 15, H 36ᵛ,
106ᵛ, *anuncet* E 4ᵛ, 6ᵛ, 7ᵛ. 8ʳ, 11 .., 125, H 85ʳ, *num
(nomen)* B 20, H 12ᵛ. 23ᵛ, 37ᵛ, 44ʳ, 45ʳ ..., 75ᵛ .....,
nun H 37ᵛ, *numbre* E 24ʳ, *umbre* B 6. *perfunt* E 31, 52.
140, *perfunz* B 45, aber gewöhnlicher in B, *parfont* B 2, 9

(*perfont* B 44), *parfont* H, 13r, 36r, 37r, *secunde* E 36v, 66, *dunt* E 31, 31v, 38v, 118v, u. s. w.

sunt E pr, 2a, 2v, 3v, 7v, 7 bis v, 8r ..., B 1, 2, 3, 4, 5, 6 ..,, H 1v, 2v. 3r, 3v, 4r, 4v ..., *suns* H 23r, *summes* E 19v, 101, 109, 120, 122, B 43, 44, *sunmes* und *sumes* E 11, 19 bis v, 20, 21, 28r.., 43, 81v, 101, in B (I. Teil) und H gewöhnlich *sommes* bez. *sons.*

unt E 4 bis v, 8r, 17v, 20v, 22, 23v..., H 32r, 43r, 87v, *funt* E 17v², 21v, 28r, 34r, 41r, 63..., B 15, 43, H 112v, meist in B und H *font* B 3, 4, 9, 15, 28, 32, 33.., 42, H 4v, 21r, 26v, 28v, 47v, 52v, 54v..., 100v..., *vunt* E 27r, 34r, 40v, 48r, 49r, 55v, in B und H *vont* B 8, 29, 39, 41, H 38r, *stunt* E 60, 62, 73, 78r, *serunt* E 3v, 16, 17r, 17v, 23 bis v, 24v..., B 5, 9, H 13r, 35r, 75r, 87r, 108v — *seront; averunt* E 19 bis v, 24r. 36v, 38v..., H 12v, 27r, 35r, 102v, 108v, *averont* in B 4, H 122v, *vairunt* E 17r, 50v, 69v, H 27v, *vairont* H 125v, *usseirunt* E 50v, *exirunt* B 8, *verrunt* E 17v, 133, *varrunt* E 17v, B 1, *tormenterunt* E 135, *atrovarunt* B 41, *laisserunt* H 40v, *loerunt* H 50v, 87r — *ont: laisseront* H 41r, *croiront* H 54v, *porteront* B 5, *porront* B 41 u. s. w.

Vor folgendem Vocal findet sich die Negation non als nen in den drei vorliegenden Texten.

In E wird ferner das ǫ zu e abgeschwächt in *denet* (*tradidit*) E 17 bis v, 42v, 45v, 51, 54v..., *demes* = *donum* E 54.

Nahezu durchgängig steht das o in der 1. Pers. Plur. des Ind. Präsentis und des Futurs.

esvvardons E 3r, 10, 19 bis v, 31, 32r..., B 1, 6, 21, 23, 30, 43, H 6r, 12v, 122r, *poons* E 22, 32r, 39, 75r, 86v..., B 4, 8, 13, 17, 18, 19..., H 1v, 6r, 28r, 46r, 51r..., neben *pons* E 3r, 4v, 6v, 7v..., 45v..., *faisons* E 33v, B 1, 5, 6, 13, 20, 21..., H 8r, 19r, 25v, 48r, 54v, 80v...; gewöhnlicher in E *faions* E 8r, 33v, 35r, 35v, 36v..., *perfaions* B 8, *avons* E 9, 16, 17v, 19, 19 bis v, 24..., B 2, 4, 5, 8, 9, 10..., H 4v, 15r, 17r, 20v, 22v, 27v..., *entandons* E 29, 46r, 57 bis v, 104, 105v in B und H *entendons* B 8, H 6v, 32r, 37v, 44r, 47v..., ferner *disons, devons (dovons), conissons, volons, sevons, savons, alons* u. s. w.

Endung uns findet sich in *pouns* E 43, 45, *aluns* H 92r. Ferner findet sich in E *chosens* = *increpamus* 113.

Im Futurum: *serons* E 10, 19v, 19 bis v, 86, B 3, 8, 11, 13, 21..., H 4v, 67v, 121v, *averons* E 19 bis v, 66,

86ᵛ, 87 ..., B 9, 13, 41, H 16ʳ, 35ᵛ, 67ᵛ ..., *porons* E...
119ᵛ, B 1, 6, 27, 29, 38, 43, H 12ᵛ, 126ʳ, ferner *venrons*,
ferons, parlerons, dirons etc.
uns findet sich in *entenderuns* E 77bʳ.
In dem Conjunctiv Praesentis findet sich aber in der
1. Pers. Plur. im Lothringischen stets das **Suffix -iens.**
Vgl. hierüber: Suchier, Gröber's Grundriss, pag. 611.
estiens E 12, B 9, 29, 33, H 2ᵛ, 3ᵛ, 36ʳ, 59ʳ, *alliens* E
35ʳ, B 11, *ailliens* E 35ʳ, B 4, 9, 11, 21 ..., H 31ʳ, 51ʳ,
83ʳ, *soiens* E 35ʳ, 35ᵛ, 36ᵛ, 53 bis ᵛ, 54 ..., B 10, 12,
17 -- sonst *soyens* — H 28ʳ, 29ᵛ, 30ʳ, 30ᵛ, 31ʳ ..,
87ᵛ ..., *faciens* E 54, 129ᵛ, B 8, 10, 11, 13, 16, 28, H 35ʳ,
121ʳ, 121ᵛ, *voiens* E 86, B 11, — *royens* B 9, 22, 26 —
H 104ʳ, *poiens* E 139, B 8, 9, 11, 12, 13, 25 ..., —
poyens —, H 43ʳ, 49ᵛ, 91ʳ, 112ᵛ, 122ʳ ..., *saviens* E 105ᵛ,
B 8, *sapiens* H 16ʳ, 50ʳ, *aiens* B 18, 20, 21, 39, 43, H 11ʳ,
34ʳ, 112ᵛ, ferner *doiens* in E und B, *avreriens, cuidiens* u.s.w.
Lat. Endung -onem giebt on: *baron* E 5, 6ᵛ, 37, 40ʳ,
41ʳ, 42ʳ ..., B 20, 21, 44, *pardon* E 9, 83ᵛ, 104, B 1, 2,
4, 7 .., 22, 24 .., 44, H 4ʳ, 81ᵛ, 121ʳ, *lieon* E 28ᵛ, 30.
B 7, 29, H 126ᵛ, 127ʳ, *lieons; avvillon (= aculeus)* E 36ʳ, B 2,
41, 44, *aguillon* H 100ʳ, *lairon* B 1, 23, H 55ʳ, 63ᵛ, 64ʳ,
68ʳ, 92ᵛ ..., *laron* H 98ᵛ, 104ʳ, *fellon* B 21, H 35ᵛ, 68ʳ,
70ᵛ, 71ʳ ..., *fellons; fallons, sermon, charbons* ...
Die lat. Suffixe -tionem und -sionem zeigen -on oder
ion: *maison* E 4 bis ᵛ, 8ʳ, 42, 50ʳ, 90, 90ᵛ ..., B 1, 3,
4, 5, 7, 8, 9, 10 ..., H 4ᵛ, 12ᵛ. 25ᵛ, 26ʳ, 33ʳ ...,
raison E 11, 30, 32, 38ʳ, 74ᵛ ..., B 3, 9, 10, 15, 23 ...,
H 71ʳ, 86ᵛ, 89ᵛ, 98ᵛ, 105ᵛ, *orison* E 31, 35ʳ, 64, 74ᵛ ..,
133, B 28, 37, H 20ᵛ, 51ʳ, 88ᵛ, 91ʳ, 117ʳ — *oreison* B 4,
39, 40, H 51ᵛ, *oreson* B 28, 40, — *fazon* B 1, 5, 7, 12, 13,
19, 20, *facons* E 23 bis ᵛ, *leison* E 52, 106, *leizon* B 20, 24,
H 4ᵛ, 6ʳ, 14ʳ, 48ʳ, 98ᵛ, 100ᵛ ..., *vision* E 12, 13, 28,
29ᵛ, 46ᵛ, 57 .., 134ᵛ, B 1, 11, 16, 27, H 42ᵛ, 60ʳ, 66ʳ,
71ᵛ, *passion* E 15, 17 bis ᵛ, 33, 44, 47ᵛ, 57 bis ᵛ, B 4,
10, 11, 13, 18, 22, 34 ..., H 1ᵛ, 2ᵛ, 3ʳ, 4ʳ, 8ʳ, 14ᵛ,
19ʳ .., 91ᵛ ..., *questions* E 13, 28ʳ, 30, 31, 32ʳ, H 5ᵛ,
82ᵛ, 103ʳ.
Neben diesen Endungen zeigen E und H, sowie die
letzten Predigten von B (abgesehen von *faceon* B 34, 40)
die Endung -con, um anzudeuten, dass das vorhergehende c
wie ts lautet:
faceon E pr. 15. 26ʳ, 26ᵛ, 27ᵛ, 28ʳ .... B 44,
beniceon E 4ᵛ, 42ʳ, 42ᵛ, 43ʳ, 43ᵛ ..., B 43, 45, H 50ʳ,

chanceon E 13, H 67ʳ, *tenceon* E 35, *leiceon* E 44ʳ, 107ᵛ, 120, H 1ᵛ, *leiceon* H 70ʳ, 109ᵛ, 122ʳ..., *maliceon* B 43, H 36ʳ, *maliceons* H 101ᵛ, *maldeceon* B 44, *maldiceons* B 45, *cusanceon* E 49, 53 bis ᵛ, 55, 72ᵛ, 94ᵛ..., *cusenceon* B 43, — sonst in B *cusenzon* desgl. H. —

Das lat. Suffix -ionem findet sich ferner in den weniger volkstümlichen Worten: *temptacion* E 13, B 27. *temptation* B 8, 21, 32, 39, 40, H 52ᵛ, 53ʳ, 76ʳ, 78ʳ, 91ʳ..., *temtation* H 53ʳ, *intencion* E 7 bis ᵛ, 25ʳ, 31, 74 bis ᵛ, B 5, 8, 9, 39, 40..., H 100ʳ, 104ʳ — *intention* 120ʳ —, *corruption* E 69ᵛ, 77bᵛ, 107ᵛ, B 1, 2, 7, 8, 10, 12, 14..., H 81ᵛ, 126ʳ, *corrupcion* E 69ᵛ, 70ᵛ, 81ᵛ..., *corropcion* E 137ᵛ, *predicacion* E 15, 22, 38ᵛ, 46, 49..., *predication* B 22, 28, H 82ʳ, 109ᵛ, *persecucion* E 15, 16, 59, 118, B 43, *persecution* B 28, H 104ʳ, *dampnacion* E 17ʳ, 50ᵛ, 103ᵛ, 110ᵛ — *damnacions* E 102ᵛ —, *dampnation* B 3, 5, 7, 18, 28..., H 8ᵛ, 9ʳ, 64ʳ, 114ʳ, 114ᵛ, *conversacion* E 24ᵛ, 40ᵛ, 106, B 41, 43, *conversation* B 13, 38, 41, *conversations* H 5ʳ, 38ᵛ, *perfection, resurrection, circoncision, incarnacion* E und B 43, 44, 45, *incarnation* B, H.

In E und, einmal auch in H, findet sich die Schreibung uu (um).

envirun E 55, *intenciun* E 41ʳ, 52 bis ᵛ, *intencium* E 17 bis ᵛ, *entenciun* E 53 bis ᵛ, *persecuciun* E 16, *dampnaciun* E 17ʳ, *missiuns* H 115ᵛ.

Lat. ō, ŏ, ŭ vor m oder n, auf die ein Vocal folgt, wird stets in unsern Texten durch o wiedergegeben. In B und zweimal auch in H zeigt sich die Gemination des m bez. n:

persone E 10, 13, 53 bis ᵛ, 88, 127, B 1, 3, 45, H 22ᵛ, 34ᵛ, 51ʳ, 57ʳ, 88ʳ, *parsone* B 9, 12, 14, 39, H 13ʳ, 29ʳ, 29ᵛ, 67ʳ...., *personne* B 13, *personne* B 5, 7, 10, 14, 15.., *parsonne* B 44, *bone* E 23 bis ᵛ, 24ᵛ, 25ʳ, 26ᵛ, 28ʳ..., B 2, 4, 7, 10, 11, 12.... H 6ʳ, 6ᵛ, 20ᵛ, 37ʳ, 46ʳ, 46ᵛ..., *bones, bonne* B 13, *bonement* E, *corone* E 27, 51, 59, B 8, 11, 12, 13, 15, 19, H 61ʳ, 62ᵛ, 99ᵛ, 100ʳ, 125ᵛ, *coronne* H 99ᵛ, *donet* E 9, 23 bis ᵛ, 24ᵛ, 25ᵛ, 64, 68 bis ᵛ.,., B 2, 3, 4, 7, 9, 10..., H 10ᵛ, 17ʳ, 22ʳ, 26ʳ, 27ʳ, 28ᵛ..., 98ᵛ, *dones* — *donnes* H 87ᵛ — *done*.

Lat. *bonus* wird in allen Texten wiedergegeben durch *boen (boens)* E 6ᵛ, 15, 28ᵛ, 37ᵛ, 38ᵛ, 44ᵛ..., B 5, 6, 14, 20, 21, 39..., H 5ᵛ, 6ʳ, 19ᵛ, 20ʳ, 77ʳ, 80ʳ....

In E ferner durch *buens* E 15, 90ᵛ, 96ᵛ. Lat. *sonus* zeigt in unsern Texten eine verschiedene Behandlung:

Es wird in E 1) *suens* E 21ᵛ, 68ᵛ, 68 bis ᵛ, 69ʳ, 69ᵛ, 70ᵛ, 73ʳ, 74ᵛ, desgl. B 10, 14; in E 2) *siens** 45ʳ, 67ᵛ, 68ᵛ, 69ʳ, desgl. H 19ᵛ, 107ᵛ, *suen* E 67ᵛ, 68ᵛ, 69ʳ, 69ᵛ, 70ʳ..., B 7, wird in H stets *sien* E 59ᵛ, 115ᵛ, 119ʳ. Schliesslich findet sich in E noch das nachtönende i in: *boin* E 11, 30ᵛ, *boins* 20, 22, 90ᵛ, 97, 132, 137... Die Form *buoens* E 135 ist als Schreibfehler anzusehn, zumal da das o erst nachträglich eingefügt ist.

ō, ŭ und folg. i vor m oder n giebt ọin (oing, oign).

oignere E 17 bis ᵛ, *oingre* B 34, *oyngre* B 34, *oindre* H 45ᵛ, 46ᵛ, 71ʳ, 83ʳ, 123ʳ, *oinz* E 7ᵛ, B 11, 12, *oint* B 34, H 87ᵛ, *oyny* B 34, *oing* H 70ʳ, *oinst (oynst); tesmoignet* E 3ʳ, 3ᵛ, 5ᵛ, 6ᵛ, 13, 29..., B 7, 12, 13, 19, 20, 22..., H 6ᵛ, 62ʳ, 63ᵛ, 71ʳ, 81ʳ, 82ᵛ, *tesmoign* E 3ᵛ, *tesmoig* E pr, 54, 90ᵛ, 93ᵛ, 105ᵛ, *tesmoigne* H 5ʳ, *joientes* E 31, 31ᵛ, 32ʳ, *aiointes* B 9, 41, *joint* H 30ᵛ, *yvroigne* E 51, 106ᵛ, B 11, 24, *besoigne* E 95ᵛ, 124, B 1, 4, 6, 9, 12, 13..., H 108ʳ, *besoign* E 71ᵛ, *besoing* H 90ʳ, *doing* B 10, *doig* E 21ᵛ (2 mal).

Lat. dominum (-am) findet sich in unseren Texten als *dan* E 9, *dame* B 2, H 18ʳ, *damme* B 2, 9, 29, 43, jedoch meist in Verbindung mit deu als: *damedeu* (in E in zwei Worten) E pr, 5ᵛ, 6 bis ᵛ, 105ᵛ, 106, 107ᵛ, 108, 108ᵛ..., H 4ʳ, 11ʳ, 105ᵛ, 119ᵛ, *damedeus* E 4 bis ᵛ, H 10ᵛ, 13ᵛ, 39ʳ, 54ᵛ, 59ʳ...

III. Lat. gedecktes ō oder au,

ausgenommen vor n oder m, bleibt meist, wie gewöhnlich, als hohes ọ erhalten, nämlich:
nostre E pr, 7ᵛ, 8ʳ, 9, 13, 16, 19..., B 1, 2, 3, 4, 5, 6, 7, 8..., H 2ʳ, 2ᵛ, 3ʳ, 3ᵛ, 4ʳ, 5ʳ, 6ᵛ, 8ᵛ..., *nostres, vostres, vostre, mort* E 4ᵛ, 8ʳ, 10, 12, 16. 17 bis ᵛ, 19 bis ᵛ, B 1, 2, 5, 6, 8, 10, 12..., H 3ʳ, 3ᵛ, 4ʳ, 4ᵛ, 6ᵛ, 8ᵛ, 9ᵛ..., 64ʳ..., *morte, morz, apostles* E 16, 17 bis

---

*) Hofmann will hier *suens* für *siens* der Hs lesen, doch glaube ich *siens* beibehalten zu können, da auch H, welches grosse Aehnlichkeit mit E zeigt, diese Form aufweist.

v, 21, 32, 44v, 46v, 48v..., 77br..., B 4, 5, 8, 9, 10, 11, 12, 13..., H 2r, 2v, 3v, 4v, 5r, 8r.., 73v..., *force* E 12, 21, 22v, 29, 30.., 78v..., B 1, 9, 12, 13, 14, 16, 18.., 44..., H 4v, 8v, 34v, 36r, 76r, 89v..., *forz*, *cors* E 17v, 19 bis v, 20, 31, 31v, 34r.., 69v, B 1, 3, 4, 5, 6, 7, 8..., H 2r, 5v, 6v, 7r, 7v, 8r.., 66v, 71r..., *almosne* E 51, 116, 116v, *almosnes* H 75v, *almone* B 4, 26, *asmone* H 71r, *prosme* E 35, 61, 63, 91v, 105, 107..., B 3, 16, 28, 35, H 7v, 16r, 40r, *prosmes*, daneben *proisme* E 54, *proismes* E 23 bis v, 52, *discorde* E 54, 71v, 72v, 128, 128v, B 14, H 7r, 42r, 83v, *descorde* B 44, *concorde*, *concordet*, *discordet*..., *propre* E 8r, 32, 65, 108..., B 1, 3, 4, 7, 9, 10.., 17..., H 2v, 16v, 30v, 56v, 62r, 97r..., *oz (exercitus)* 70r, 70v, 71v, 72r, 72v, 73r, 141, (*osz* 70v Schreibfehler) B 16, *ost* B 23, 38, H 58r, 72v, *hoste* B 38, *choses* E pr, 2a, 2v, 3r, 3v, 5v, 7v, 9 bis v.., 67v..., B 1, 2, 3, 4, 5, 6, 7, 8..., H 2v, 4v, 5r, 5v, 7v, 9r..., *chose*, *poc* E 3r, 8r, 13, 22, 22v, 34r, 38r..., 117, B 1, 9, 10, 12, 15, 20, 21, 22..., H 4r, 30v, 32r, 63r, 83r, 94v, *clot (claudit)* E 33v, B 1, 9, (*enclot* B 9, 31) H 120r, 120v, *povres (pauperos)* E 27v, 64, 95, 116v, 139v, B 1, 4, 5, 12, 14, 15, 16..., H 46r, 46v, 47v, 70r, 70v..., *povre*, *los (laus)* E 11, 69v, 70r, 70v, 72v, 73, 87..., B 11, 12, 16, 18, 20, 31, 32..., H 96r, 120v, 124r, *loet* E 72 bis r, 118, 128v, B 2, 7, 8, 9, 10, 14, 15..., H 21v, 32r, 82r, 83r, *loent*.

or (aurum) E 16, 44, 47v, 80r, B 12, 15, 16, 23, 24..., H 6v, 10v, 47r, 61v, 67r, 109r, *ot (habuit)* E 3v, 6v, 6 bis v.., 20, 22..., 43r, B 2, 12, 20..., H 4r, 5r, 7v, 10v.., 35.., 110v..., *sot*, *pot*, *orent*, *sorent* E, B, H, o H 102r.

Pol (Paulum) E 5, — *pol* 49 —, 99, 117, 118, B 28, 41, H 1v, 32r, 109v, 120, *Pols*, *parolle* E 3r, 5v, 8r, 10, 11, 12..., B 7, 12, 41, 43, H 9v, *parole* B 1, 3, 4, 7, 9, 10, H 2v, 5v, 6r, 9v, 10r..., 87r..., *parolles*, *paroles*, *parollent*, *parolent*, *or* E pr, 3r, 6 bis v, 32r, 37r.., 69v..., B 1, 2, 3, 4, 5, 8, 9, 10..., H 1v, 4v, 6r, 7v.., 67v, 76r..., *ore*, *hore*, *ancore*.

Das nachtönende i findet sich vereinzelt nämlich in: *oist*, *exercitus* B 15.

Ein u statt ǫ steht in *luet (laudat)* B 39.

Daneben zeigt sich ou in den Texten in: *pou* E 22, 24r, *lous* E 11, B 8, 10, H 43v, 60r, 81v, 104r, *ou (habui)*

E 139ᵛ, *parouz* (1 Sing. Praes. von *parleir*) B 36, *oure*, (*hora*)
H 103ᵛ, *tempus* 110r.

Ein Fremdwort ist: *cause* E 2a, 16, 20ᵛ, 92, 93 . . .,
B 1, 8, 9, 15, 43, H 8r, 30ᵛ, 46r, 63ᵛ, 75ᵛ, 98ᵛ . . .

Die lat. Endung ōriam, -ōriam findet sich in den behandelten Texten als -oire und ore, und zwar überwiegt in
E -oire, während B und H ore bevorzugen:

gloire E 16, 17r, 19ᵛ, 21ᵛ, 25ᵛ, 26ᵛ, 35ᵛ . . ., B 1, 2,
4. 6, 26. 28, H 8r, 43ᵛ, 68r, *memoire* E 17r, 93, 108,
129ᵛ, H 45r, 121, *ystoire*, (*hystoire*) E 10, 21, 21ᵛ, 28ᵛ,
42ᵛ, (6ᵛ, 43ᵛ, 56ᵛ, 100ᵛ), *istoire*, (*histoire*) E 44r, 56ᵛ,
57ᵛ, 57 bis ᵛ, 141, (43r,) H 6ᵛ, 11r, 42ᵛ, (4ᵛ,) *victoire*
E 101ᵛ, H 35ᵛ, *oratoire* E 47ᵛ, *pretoire* H 80ᵛ.

ore: *glore* E 31, B 1, 2, 3, 4, 5, 7 . ., 13, 14 . . . .
H 7ᵛ, 8r, 9r, 11r, 18r, 18ᵛ, 19ᵛ . ., 95ᵛ . . ., *memore* E
40r, 95ᵛ, B 3, 7, 8, 10, 28, 39, H 47r, 83r, 85ᵛ, 112ᵛ,
113ᵛ, *histore* 42r, B 45, *ystore* 24, 27, 32. H 118ᵛ, 124ᵛ,
istore H 69ᵛ, *victore* B 9, 12, 38, 44, H 72r, 125r, 127ᵛ,
pretore H 61r, 62ᵛ, 99ᵛ.

Lat. au und i (oder ged. ŏ und i) wird zu oi:

joie E 3r, 35r, 35ᵛ, 40r, 62 . . ., B 8, 9, 10, 12, 13,
H 12ᵛ, 44r, 87r, 92r, H 83ᵛ, 122ᵛ, *joye* B 7, 8, 10,
15, 16, 17 . . . H 4ᵛ, 13r, 124ᵛ, *noise* E pr, 67ᵛ, 76r,
114, 115, B 28, H 42r, 45r . ., 80ᵛ, 81r, *apostoile* E pr,
oit (*audit*) E 11, 32r, 52, 69r, 70r, 77ᵛ . . ., B 1, 3, 9, 14,
21, 24, 26, 27 . . ., H 18r, 20ᵛ, 24ᵛ, 35r, 38ᵛ, 48ᵛ . .,
72r . . ., *oyt* B 1, 2, 4, 9, 10, 12 . . ., *oient* E 10, 22, 37,
43ᵛ, 60 . . ., 139, H 21ᵛ, 78r, *oyent* B 8, 12, 32.

Daneben finden sich in E besonders Formen ohne i:
os = *audis* 103, B 2, *ot* E 106, 113, 113ᵛ, 125ᵛ,
139 . . ., B 28, 32, H 5ᵛ, *oent* B 15.

Lat. freies ŏ, ausgenommen vor m und n, wird in den
vorliegenden Texten zu ue, o, oi und eu.

ue: *cuer* E pr, 2ᵛ, 7 bis ᵛ, 8, 9, 12, 15, 16, 17 bis
ᵛ . ., 68 bis ᵛ . ., B 1, 2, 3, 5, 7, 8, 9, 10, 11, 12 . . ., H 4ᵛ,
5ᵛ, 13ᵛ, 14r, 15ᵛ . ., 65ᵛ . . ., *cuers*, *fuers* E 8r, 10, 26ᵛ,
45ᵛ, 70r, 81r . . ., B 9, 27, H 8r, 8ᵛ, 9r, 43r, 54r, 66r,
77r . . ., *defuers*, (*defuors* B 28.) *defuer* E 10, 11, 42r, 45r,
51 . . ., *suer* E 140, B 27, H 81r, 107ᵛ, *uevre* E 21, 23ᵛ,
24ᵛ, 26ᵛ, 33ᵛ, 40r, 43r . . ., *avuec* E 8r, 9, 86, 108ᵛ,
aues E 43r, H 81ᵛ, *muert* E 67ᵛ, 125ᵛ, 126, B, 2, 4,
23, 44, H 3r, 9v, 10r . ., 74r, 79r, *vuelt* E 7 bis ᵛ, 16,
25r, 27ᵛ, 36, 53, 53ᵛ . ., 91ᵛ . . ., B 1, 2, 10, 12, 17, 18, 39,

H 10ᵛ, 16ʳ, 28ʳ, 35ʳ, 36ᵛ, 54ʳ .., 106ʳ, *welt* E 9, 10,
ruet 32ʳ, *vuelent* E, B, H, *puet* E 9, 19 bis ᵛ, 22, 23 bis
ᵛ, 30, 31 .., 69ʳ..., B 1, 2, 3, 4, 6, 8, 9, 10, 11..., H 2ʳ,
3ʳ, 3ᵛ, 4ʳ, 5ʳ, 5ᵛ, 6ʳ..., 64ʳ, 64ᵛ..., *pues, puent, suet*
(solet) E 29ᵛ, 37ᵛ, 54ᵛ, 67ᵛ, 99, 102..., H 6ʳ, 20ᵛ,
77ʳ, 96ʳ, 97ᵛ, 100ᵛ..., *suelt* E 45ʳ, B 7, 9, 21, 34, 37,
39, 45, *suelent, duelt, commuevre* E 92, 94, 98ᵛ, *muerre* B 12,
comuet E 38ᵛ, 116, 116ᵛ, *commuet* E 121, B 12, *muet* H
49ᵛ, *truevet* E 11, 38ᵛ, 56, 59, 60, 90ᵛ, 104, B 9, H 6ʳ,
9ʳ, 30ᵛ, 59ᵛ, 71ᵛ, 73ʳ...

o: *avoc* E 9, 24ᵛ, 26ʳ, 30ᵛ, 41ʳ, 56ᵛ, 60, 86...,
B 5, 9, 22, 44, H 2ʳ, 3ʳ, 4ʳ, 7ʳ, 8ʳ, 12ʳ, 30ᵛ..., 104ᵛ,
fors E 17ᵛ, 52ᵛ, 62ᵛ, 136, B 1, 2, 3, 4, 8, 10, 12..., 21...,
H 9ʳ, 17ᵛ, 33ʳ, 34ᵛ, 42ʳ, 48ʳ.., 77ᵛ..., *defors* B 9, 11,
15, 20, 21, 27.., 44, H 94ᵛ, 111ᵛ, 122ʳ, *atrovet* E 60,
atrocet B 15, *trovet* E 66, 78ʳ, *trocet* H 124ʳ.

oi: *oyvre* E 21, 24ᵛ, 30ᵛ, 32ʳ, 37ʳ, 37ᵛ, 40ʳ..,
73ᵛ, B 1, 9, 10, 14, 18..., H 2ʳ, 3ʳ, 5ʳ, 11ᵛ, 23ʳ...,
93ᵛ, *oyvres, oivres* B 44, *oyvret* E 85ᵛ, B 1, 21, 32, 35,
H 9ʳ, *poient* E 104, 115ᵛ, B 3, 11, 21, 27, 28.... —
poyent B 22, 34, 35, 36, — H 18ᵛ, 83ᵛ, *oil* E 17 bis ᵛ,
27ʳ, 34ʳ, 53 bis ᵛ..., B 3, 5, 8, 9, 10, 12..., H 7ᵛ,
91ᵛ, *oyl* B 1, 8, 16, 22, 24..., *oilz* E 2a, 16, 17 bis ᵛ,
20, 28ʳ.., 93..., B 1, 10, 11, H 10ᵛ, 35ᵛ, 87ᵛ, *oiz*
E 31ᵛ, 41ᵛ.

Das nachtönende i hinter ue zeigt sich in E.

pueient E 21, 23 bis ᵛ, 52, 79ᵛ, 96, 97..., *rueie*
(rotam) E 41ᵛ, 42, 44ʳ, 45ʳ, 45ᵛ...

ui: *puient* E 21, 40ʳ, 79ᵛ, 87ᵛ, B 11, 44 — *puyent*
B 1, 4, 5, 8, 9, 11, 17..., — H 3ʳ, 3ᵛ, 4ʳ, 5ʳ, 24ʳ, 27ʳ,
56ʳ.., 90ʳ...

eu: *populum* giebt gewöhnlich: *peule* E 2ᵛ, 9, 13, 17ᵛ,
42ʳ, 42ᵛ, 46ᵛ, 67ᵛ..., B 7, 9, 12, 14, 16, 22.., 27...,
H 1ᵛ, 2ʳ, 2ᵛ, 19:, 40ʳ, 40ᵛ.., 91ʳ..., daneben *puele* E
pʳ, *poiple* H 41ʳ, 58ʳ, 126ᵛ, *aveule (ab oculis)* E 54, 95,
B 5, 24, 28, H 10ᵛ, 101ʳ, *avoile* H 25ʳ, 71ᵛ, 73ᵛ, *ceu (hoc)*
E 4ᵛ, 4 bis ᵛ, 5ᵛ, 8ʳ, 11, 12..., B 1, 2, 3, 4, 5, 6, 7, 8...,
H 1ᵛ, 2ʳ, 3ᵛ, 4ʳ, 4ᵛ, 5ʳ...

Vereinzelt treten noch folgende Schreibungen für das
lat. fr. ö auf:

yerre E 50ᵛ, *poes* B 28, *avoec* B 15, *peot* E 78ʳ, und
in H io, *siot* 81ᵛ, 106ʳ, 108ʳ, *siolent* 80ʳ, 93ᵛ, 100ʳ,
priovet (probare) 93ʳ.

Als Schreibfehler sind anzusehn *uvre* E 27, 89, 96.
bnens, snens, soens, vergl. oben unter lat. ō, ŏ, ŭ vor
m oder n.

Lat. ŏ und ı̆ wird meist ui:

puist E 9, 10, 27, 30ᵛ,.31, 35 ..., B 1, 3, 5, 6, 7, 8,
10 ..., H 2ʳ, 7ʳ, 26ᵛ. 42ᵛ. 46ʳ, 47ʳ ..., *puissent* E 9,
B 4, 35. 44, H 25ᵛ, 41ᵛ, 45ᵛ, 68ᵛ.., 110ʳ, *puis (postea)*
E 62ᵛ, H 4ᵛ, 13ᵛ, 15ʳ, 19ᵛ, 26ʳ, 30ᵛ, *hui* E 8, 105, B 9,
11, 12, 17, 21, 22 ..., H 49ʳ, 83ᵛ, *ui* E 25, 52ᵛ, B 1, 7, 10,
11, 12, 13 ..., H 37ᵛ, 51ᵛ, 60ʳ. 61ʳ, 85ʳ, 88ᵛ...., *nuit*
E 102, B 3, 4, 9, 11, 12, 15 ..., H 39ᵛ, 84ʳ, 87ᵛ, 98ʳ,
112ʳ, *nuiz, uit (octo)* E 85ʳ, B 20, H 67ʳ, *anui, annui.*

An Stelle des ui findet sich oi in:

oi E 6 bis ᵛ, *poissent* B 43, 44, *noit* B 9, 11, H 7ᵛ,
51ʳ, 55ʳ, 58ʳ, 84ʳ, 87ᵛ, 88ʳ, *meienoit* H 126ᵛ, *oit (octo)*
B 20, *coisse (coxam)* B 7, 12, H 12ᵛ, 13ʳ, *coixe* B 12,
coysse H 12ᵛ.

Aber: *cosse* E 2ᵛ.

Für lat. *postea* findet sich neben *puis,* das in B nicht zu
belegen ist, *pues, puez* in E und B, seltner in H.

pues E 11, 13, 23 bis ᵛ, 30ᵛ, 78ᵛ..., H 41ʳ, 51ʳ,
55ᵛ, *puez* E 23 bis ᵛ, 30, 38ʳ, 39ᵛ, 43ʳ, 45ᵛ, B 1, 3, 19,
20, 22, 31, 36, 39 ...

Focum, locum wird in unseren Texten wiedergegeben
durch: *feu* E 15, 17ʳ, 17ᵛ, 37ʳ, 37ᵛ, 38ᵛ, 51 ..., B 2,
14, 27, 30, 34, 36, 40 ..., H 19ᵛ, 57ʳ, 94ʳ, 127ᵛ, *feus,*
leu E 2a, 4ᵛ, 6ᵛ, 6 bis ᵛ, 10, 15, 17ᵛ, 22ᵛ..., B 1, 3, 4,
5, 6, 9, 10, 12 ..., H 5ʳ, 5ᵛ, 8ʳ, 8ᵛ, 9ʳ, 10ᵛ, 64ʳ...,
leus und in E *lius* E 114.

IV. Lat. a

in freier Silbe, ausgenommen vor m und n, zeigt in unseren
Denkmälern sowohl e als auch ei. Wenn wir zunächst von
den Worten absehn, wo lat. betontes a in Suffixen steht,
und nur lat. a in Stammsilben betrachten in Bezug auf die
Schreibung in den verschiedenen Predigten, so finden wir,
dass in E e weit überwiegt, im Gegensatz zu H, wo ei

häufiger sich findet als ẹ. In B endlich zeigen sich beide
Schreibungen etwa gleich häufig. Folgen aber zwei Consonanten derselben Silbe auf das ẹ, so tritt nie das nachtönende i auf:

ẹ: *frere* E pr, 5ᵛ, 34ʳ, 42ᵛ, 52, 52ᵛ, 60, 63ᵛ..,
103ᵛ..., B 1, 4, 9, 10, 14, 20, 22, 23 ..., *freres, mere (matrem)*
E 4ᵛ, 5ᵛ, 9, 22. 42ʳ, B 2, 12, 20, 21, 22, 23, *pere* E 4ᵛ,
5ᵛ, 10, 12, 13. 17 bis ᵛ, 27ᵛ, 42ʳ.., 78ʳ..., B 10, 19,
20, 21, 22. 23, 24 ..., *mer (mare)* E 10, 13, 46ʳ, 46ᵛ,
47ʳ.., 95ᵛ..., B 1, 44, *suef (suavem)* E 13, 96, 127,
H 45ᵛ, *(souef* H 9ᵛ), *suefment* E 108, 129, B 13, 28, *sues*
E, H, *cler* B 1, 8. 9, H 19ᵛ, 20ʳ, *clere, tres* E 7ᵛ, 13, 17
bis ᵛ, 21ᵛ, 34ʳ.., 100ᵛ, B 1, 2, 3, 4, 6, 7, 9, 10...,
H 32ʳ, *vet (vadit)* E 7 bis ᵛ, 21, 48ᵛ, 60, 96ᵛ, 137ᵛ,
H 41ᵛ, 115ᵛ, neben *vat* B 13, 23, 37, 38, H 49ᵛ, 79ᵛ,
85ʳ, 92ʳ, *tel* E 3ʳ, 7 bis ᵛ, 32ʳ, 35ʳ, B und H nur *teil,*
quel E pr, 2a, 4ᵛ, 6ᵛ, 8ʳ, 9.., 35ʳ.., 78ʳ..; B 1, 3, 4,
10, 16, 25, 40, H 2ᵛ, 4ʳ, 5ʳ, 7ᵛ, 15ᵛ, 16ᵛ.., 77ᵛ.. ,
quele, laquele E, *liquele* E.

ei: *peire* E 30ᵛ, 38ʳ, 41ʳ, 42ᵛ.., 123ᵛ, B 1, 4, 7, 8,
9, 10, 11, 12 .·.., H 1ᵛ, 2ʳ, 2ᵛ, 3ʳ, 4ᵛ, 5ᵛ, 7ᵛ.., 78ʳ,
86ʳ..., *peires, meire* E 5, B 1, 2, 7, 9, 10, 12, 15, 20 ...,
H 25ʳ, 66ʳ, 66ᵛ, 107ᵛ..., *freire* E 32ʳ, 33ᵛ, B 1, 2, 3,
4, 5, 6, 7, 8, 11 ..., H 1ᵛ, 18ʳ, 58ᵛ, 66ᵛ, 107ᵛ, 109ᵛ,
freires, cleire E 16, B 9, 10, 44, H 105ʳ, *teil* B 1, 2, 3, 4,
6, 7, 8, 9, 11..., H 5ᵛ, 32ʳ, 36ʳ, 36ᵛ, 37ʳ, 38ᵛ...,
90ᵛ, *teile* E pr, 37ᵛ, B 1, 7, 14, 27, 44, *queile* B 44, *greit*
(gratum) E 29ᵛ, 110, B 1, 3, 4, 8, 9, 12.., 43, H 9ʳ, 44ᵛ,
47ʳ, 55ʳ, 71ʳ, 83ᵛ, 85ᵛ..., *meir (mare)* B 1, 9, 10, 12,
41, H 36ᵛ, 43ᵛ, 59ʳ, 115ʳ, *sueis* E 72ʳ, *soueif* B 43, *sueys*
B 3, 4, 10, 11. 13, 20 ..., *sueif* B 2, 4, 28, *leivres (labrum)*
E 77ʳ, 104ᵛ, H 11ʳ, *leyvres* B 3, *bleis* (= *ablatum*) E 100,
123, 123ᵛ, B 4, *bleif* E, *seit (sapit)* E 8ʳ, 33ᵛ, 43ᵛ, 52ᵛ,
76ᵛ..., B 10, 15, 32, 40, 43, 44, 45, H 16ᵛ, 24ᵛ, 25ʳ,
33ʳ, 37ʳ, 68ᵛ..., (*set* E 124), *seis, seiuent, neit (natum)* E 5,
B 8, 11, 24, 25 ..., H 2ʳ, 97ᵛ, *degreiz, eis* (= *apis*) E
96ᵛ, *eys* B 2, *es* E 96ᵛ, *ateil (altare)* E 47ᵛ, 72ᵛ, 77ʳ,
H 103ᵛ, *alteil* B 16, H 62ᵛ, 65ᵛ, *alteil* H 67ʳ, 109ʳ, 110ʳ.

Vor Doppelconsonanten: *clers* E pr, B 37. H 33ʳ,
amers E 121, 122ᵛ, B 14, H 102ʳ, *tels* .. E 7ᵛ.., 72 bis ʳ,
74 bis ᵛ, 89, 96ᵛ..., B 1, 5, 7, 9, 10, 12.., H 5ʳ, 6ʳ,
7ʳ, 9ʳ, 11ʳ, 12ᵛ..., 106ʳ..., *quels* E 2ᵛ, 4 bis ᵛ, 5ᵛ,
13, 19, 20, 20ᵛ.., 78ᵛ, B 1, 3, 4, 8, 10, 11, 12, 13, 14...,
H 4ᵛ, 5ʳ, 5ᵛ, 6ᵛ, 12ᵛ.., 36ʳ..., 103ʳ.

Lat. betontes a in Suffixen -tatem: In diesem Suffixe wird a in E und H fast durchgehends zu -teit, während B Formen auf -tet (ez) in grösserer Menge aufweist; jedoch überwiegt auch hier die Endung -teit, ja in dem Teile von B, der von dem 2. Schreiber herrührt, steht stets -teit, z. B. *veriteit* E 2a, 2ᵛ, 8ʳ, 10.., 37ᵛ, 40ʳ, 41ʳ.., 90ᵛ, B 1, 2, 4, 9, 10, 12, 20..., H 4ᵛ, 5ᵛ, 7ʳ, 12ᵛ, 15ʳ.., 101ʳ..., *diviniteit* E 3ᵛ, 11, 13, 16, 17ʳ, 17ᵛ.., 78ᵛ..., B, 3, 4, 9, 10, 20, 22, 24..., H 8ᵛ, 13ʳ, 21ʳ, 22ᵛ, 32ᵛ.., 106ʳ..., *uniteit* E 10, 19 bis ᵛ, 25ʳ, 28ᵛ, 52ᵛ, 84ᵛ..., B 14, 25, 30, 33, 34, 37..., H 13ʳ, 17ʳ, 27ᵛ, 28ᵛ, 29ʳ.., 102ʳ..., *chariteit* E 17ᵛ, 26ᵛ, 35ᵛ, 39ʳ, 51, 61.., 120..., B 2, 3, 8, 9, 10, 13, 14, 17..., H 16ʳ, 17ʳ, 32ʳ, 37ʳ, 63ʳ.., 103ʳ..., *citeit* 87ᵛ, 112ᵛ, 113ᵛ, 132, 135..., B 2, 3, 8, 9, 10, 12, 22..., H 25ᵛ, 26ᵛ, 39ᵛ, 41ᵛ, 42ʳ, 56ᵛ, 66ʳ.., 108ʳ..., *humaniteit* E 3ᵛ, 12, 13, 26, 29, 30ᵛ.., 81ᵛ..., B 4, 18, H 13ʳ, 37ʳ, 46ʳ, 82ʳ, 100ᵛ..., *umaniteit*, daneben *veriteiz, diviniteiz, uniteiz* etc., sowie *enfarmeteit, utiliteit, sainteit. humiliteit, volunteit* (B, H *volenteit*), *poosteit, chasteit, clarteit* etc.

tet (tez): *perfundetet* E 10, *cruertet* E 13, *charetez* E 52, *sublimitet* E 52, *pootesz* E 73ᵛ, *poostet* H 60ʳ, *necessitet* E 53ᵛ, *pietet* E 35ᵛ, (*pieteiz* 126ᵛ), sonst stets *pitiet*.

H: *veritez* 5ᵛ, 100ᵛ, *divi nitez* 37ʳ, *humilitez* 74ʳ, *aversitez* 90ᵛ, *utilitez* 98ᵛ.

B: *volentez* 8, 18, 35, 36, *humilitez* 14, 22, *beatez* 8, *salvetez* 5, *trinitez* 9, *veritez* 13, *benignetez* 21, 22, *citez* 21, 32, *unitez* 35, *aversitez* 35, *povertez* 41 etc.

Lat. Suffix atum in dem Participium perf. der I. sw. Conjugation wird bei consonantischen Stammauslaut zu **eit** — seltener et —, das Suffix atam aber zu **ele,** z. B. *trespasseit* E pr, 2a, 3ʳ, 3ᵛ, 4 bis ᵛ, 5.., 88ᵛ..., *trespesseit* B 1, 12, 22, 31, 43, H 63ᵛ, *atroveit* E7ᵛ, 16, 71ᵛ, 81ʳ, B 2, 3, 15, 17, 35, 43..., H *troveiz* 33ᵛ, 34ʳ, *comandeiz* E 24ʳ, 44ʳ, 58, B 19, H 17ᵛ, 70ᵛ, 80ᵛ, 127ʳ, *comandeit, esteit* E 4 bis ᵛ, 13, 15, 22, 27ᵛ, 30ᵛ.., 63..., B 1, 4, 8, 11, 21, 23, 36, 39..., H 11ʳ, 13ᵛ, 16ᵛ, 45ʳ.., 99ᵛ..., *parleit* E 10, 13, 45ʳ, 77ᵛ, 85ʳ..., B 9, 21, 22, 26, 27, H 15ᵛ, 72ʳ, 76ᵛ, 95ᵛ, *apeleiz* E 2a, 7 bis ᵛ, 13, 38ᵛ, 49ʳ, 57ᵛ, 68ᵛ..., B 1, 9, 10, 11, 15, 17, 19.., 28..., H 4ʳ, 31ʳ, 37ᵛ, 59ʳ, 78ʳ, 80ʳ..., *porteit, wardeit, sogeit* (*sosgeit* E), *döneit, mostreit, solleit* (*saolleit*)...

-et (ez): *apelez* E 32ʳ, 38ʳ, 39ʳ, 66, B 7, 9, 20, 41, *eslevet* E 24ᵛ, *ellevez* B 43, *esvvardet* E 77ʳ, *parlet* 97ᵛ, *delivret* E 19 bis ᵛ, *donet* 118ᵛ etc.

B: *atrovet* B 21, *atrovez* 44, *trespassez* 33, *lavez* 26, *mostrez* 35, *evelopez* 7, 13 u. s. w:

H: *donez* 16ᵛ, *monez* 55ʳ, *honorez* 103ᵛ, *portez* 109ᵛ, *montet* 73ᵛ, *confarmez* 113ʳ . . .

In E fiel das auslautende t in *treite* 69ᵛ, *demostre* 81ʳ, dieses nach Hofmann ein Schreibfehler.

Bei vocal. Auslaut des Stammes: *creet* E 72 bis ʳ, 75ʳ, 78ʳ, 84ʳ, B 9, 10, 14, 33, 44, *creez* H 68ᵛ, *anonciet* E 2ᵛ, 5ᵛ, 125ᵛ, 126, 129, B 3, 31, H 1ᵛ, 41ᵛ, 75ʳ, 88ʳ, *anunciet* E 4 bis ᵛ, 50, *envoiez* E 4 bis ᵛ, 8ʳ, 9, 15, 42ʳ, 88ᵛ, H 26ʳ, 58ʳ, 90ᵛ, *humiliet* E 39ʳ, 88, *humiliez* B 36, H 34ᵛ.

eit findet sich in B: *creeit* 14, *reconcilieit* 8.

ieit: *reconciliiet* B 22.

Im Femininum steht **-eie** (selten -ee): *doneie* E 24ᵛ, 86ᵛ, 88ᵛ, 91, 117ᵛ, 118 . . ., B 8, 13, 19, 21, 22, 27, 28, 40, H 23ʳ, 37ᵛ, 69ʳ, 124ᵛ, *mostreie* E 21, 24ʳ, 79ᵛ, 102ᵛ, H 23ʳ, 31ᵛ, 100ᵛ, *demostreie* B 27, *torneie* E 63, B 40, H 67ʳ, 109ᵛ, *apeleie* E 72ʳ, 90, H 39ᵛ, *panneies (pennatas)* E 26ᵛ, 28ᵛ, 29, 37ᵛ, 38ᵛ, 67ᵛ, 70ʳ . . ., *creeic* 61ᵛ, H 6ʳ, B 9, 13, *creie* E 61ᵛ, 62, 80ʳ nach Hofmann wohl Schreibfehler, *anoncieies* E 5ᵛ, B 7, *anoncieie* B 15, 16, 17, 36, H 35ᵛ, 118, *anuncieie* H 77ᵛ.

Hierher gehören auch die Substantiva: *entreie* E 25ʳ, 51, B 15, 31, 34, H 67ʳ, 100ᵛ, 109ᵛ, *espeie (spatham)* E 52, 59, (*espeies* E 59, 73ʳ, 132), B 13, 35, 42, H 54ʳ, 54ᵛ, 92ʳ, *valleie* E 134, B 39, H 51ᵛ, 52ʳ.

ee: *crees* E 77bʳ, *renoiees* E 123ᵛ, *essauciee* H 39ʳ.

Bei den Verben auf -icare und -izare wird das Participium zu iet (iiet in B *crucifiiet* 10).

Daneben findet sich auch -ieit (B).

Im Femininum steht ieie und vereinzelt iee (ie): *signifiet* E 15, 16, 21, 22, 53ᵛ, 80, *signifiez* B 27, H 50ᵛ, 61ᵛ, *signifie* E 123, *crucifiez* E 47ʳ, B 10, 20, 24, 38, H 62ᵛ, 64ᵛ, 67ᵛ, 101ᵛ, 102ᵛ, 103ʳ.

ieit: *crucifieit* E 58, B 27, 38, H 36ᵛ, 63ᵛ, 64ʳ, 103ʳ, 103ᵛ . . ., *signifieit* B 12, 23, H 56ᵛ, 58ʳ, 61ᵛ, 62ʳ, 65ᵛ, *saintifieit* B 12, H 24ʳ, *glorifieit* H 11ᵛ, 108ᵛ.

ieie: *signifieie* E 13, 30, 35ᵛ, 45ʳ . . ., H 20ᵛ, 54ʳ, 66ʳ, 74ᵛ, 100ʳ . . ., *fieie* E pr, 2a, 3ʳ, 3ᵛ, 4ᵛ . ., 15, 21, 22ᵛ . . ., B 1, 3, 8, 9, 11, 12, 17 . . ., H 1ᵛ, 4ᵛ, 8ᵛ, 24ʳ, 26ʳ, 39ʳ . ., 97ᵛ . . ., *fieies* (B *fieye, fieyes*).

lee: *profeitiee* B 22, *signifie* E. 140ᵛ.

Die lat. Infinitivendung -are lautet in den einzelnen Texten verschieden.

In E und dem 2. Teil von B wird -are meist zu -er, nur ganz vereinzelt tritt das nachtönende i ein. In H und dem 1. Teil von B überwiegen die Formen auf -eir, jedoch hat hier ein voraufgehendes r fast immer das Eintreten des i verhindert, ausser in *mostreir* E 137 und *espereir* B 45.

parler E pr, 10, 19 bis ᵛ, 29, 38ᵛ, 4Cᵛ, 51..., 99..., B 22, 41, H 38ʳ, 48ᵛ, 115ʳ, *parleir* B 1, 3, 12, 15, 22, 27, 32, 39.., H 7ʳ, 34ᵛ, 38ᵛ, 48ᵛ, 97ᵛ, *panser* E 2a, 3ʳ, 9, 65, 76ʳ, 76ᵛ, 84ʳ, 99..., *penser* E 31, 65, B 44, *penseir* B 1, 5, 9, H 18ᵛ, 21ᵛ, 32ʳ, 34ʳ, *esvvarder* E 9, 10, 13, 17ʳ, 26ʳ, 28ʳ, 32ʳ, 34ʳ.., 72ᵛ..., B 14, 18, 34, (*ensvvarder* E), *vvarder*, *esvvardeir* B 1, 2, 6, 9, 23, 24, 27, 34..., H 20ᵛ, 75ʳ, 107ᵛ, 120ʳ, *esguardeir* H 59ᵛ, *vvardeir*, *aler* E 9, 10, 23 bis ᵛ, 25ʳ, 27ʳ, 17ᵛ, 32.., 86ᵛ, (*alers* E 26ᵛ, B 8), *aleir* B 1, 8, 9, 24, 27, 30, 39, 41, H 15ʳ, 17ʳ, 18ᵛ, 20ᵛ, 30ᵛ..., *amer* E 15, 35ᵛ, 103, 107, 107ᵛ, 108, 110..., *ameir* B 9, 21, 27, 37, H 74ʳ, 80ʳ, *doter* E 25ᵛ, 62, 90ᵛ, 91, 92, 93ᵛ, 96..., *dotter* B 9, 19, 28, 42, 43, 45, *doteir* B 21, H 3ᵛ, 33ᵛ, *dotteir* B 4, 8, 9, 10, 12, 13, 17, 18..., H 91ᵛ, *dener (donare)* E 11, 34, 35ᵛ, 42ᵛ, 53ᵛ, 55, 65, 66, *doner* B 3, 5, 44, H 47ʳ, *deneir* E 27ʳ, *doneir* B 1, 3, 10, 12, 18, 22, 26, 34..., H 46ʳ, 47ʳ, 63ʳ, 82ʳ, 83ᵛ, 93ᵛ, *lever* E 31, *relever* B 44, *leveir* B, *releveir* H, *esleveir* E 17ᵛ, B 1, 25, 35.

In E tritt -eir nur noch auf in *trespereir* 35ᵛ, *aporteir* 7 bis ᵛ, *esteir* 49ᵛ, (B 7, 14, 26.., *resteir* 60, *resteire* 97, *steir* 28ᵛ, 70ᵛ, (H 20ᵛ), *steire* E 39, 41ʳ, 86ᵛ, 125.

Hinter r: *entrer* E 9, 23 bis ᵛ, 55, 71ᵛ, 83ʳ..., B 23, 31, 41, 43, 44, 45, H 3ᵛ, 66ᵛ, 71ᵛ, 78ʳ, 80ᵛ, 124ᵛ. *orer* E. 52ᵛ, 54ᵛ, 123, B 32, 37, 39, 40, H 1ᵛ, 20ᵛ, *mostrer* 69ʳ, 69ᵛ, B 2, 3, 15, 25, 26, 28, 30, H 4ʳ, 49ʳ, 61ʳ, 81ʳ, 103ᵛ, 114ᵛ, *ovrer* E 24, 103, 106ᵛ, H 123ʳ, *livrer*, *delivrer*, *demorer*, *esperer*, *desperer*.

Bei vocal. Stammauslaut wird lat. -are zu er, in B und H auch zuweilen zu eir: *muer* E 19 bis ᵛ, 38ᵛ, 43ᵛ, 75ʳ, B 27, H 83ᵛ, *mueir* H 53ᵛ, *loer* E 69, B 7, 22, 25, 26, H 115, *loeir* B 1, H 18ᵛ, 40ʳ, 94ʳ, *tuer*, *envoier* ...

Lat. -abam etc. (Imperfectum der lat. I. Conjug.) wird in unseren Denkmälern zu *cive (eivet, eivent)*, *eve*, *ieve*.

Bei conson. Stammesauslaut setzen E, H und 2. Teil
von B meist die Endungen eive etc., während B (1. Teil)
der Schreibung mit e den Vorzug giebt.

parleivet E 13, 26r, 53v, 77r, 86v, 94..., B 44, H
15r, 17r, 19v, 28v, 29r, 32r, 53v, *parleive* E 109, *parlevet*
B 22, 26, 28, 36, *parleivent* E 59, 6¹, 108, 109, B 44, H
38r, 77v, 97v, *parlevent* B 1, *aleivet* E 5v, 26v, 27v, 28r,
32r, 35v, 56v..., H 17r, 20r, 20v, 26v, 43v, 71v, 105v,
alevet B 10, 24, *aleve* B 42, *doteivet* E 3v, 111v, 122, H 47v,
doteives B 44, *dottevet* B 4, 5, 9, 22, E 22, *eswardeivet* E
34r, B 44, (*wardeivet* B 44), H 55v, 59r, 119v, *vvardevet*
B 9, 22, *eswardeive* E 41v, *eswardeivent* E 15, H 13r, *esteivent*
E 73r, H 57r, 65r, 97r, 97v, 106r, 107v, *estevent* B 39,
mostreivet E 13, 102, 138, B 1, H 15r, 26v, 89v, 106r,
mostrevet B 22, *ameivet, amevet, porteivet, portevet, apeleivet*
(*apelevet* E 141v).

ievet: *cuidievet* E 4v, H 83v, 115v, *cuydievet* B 10,
21, 22, 27, 30, *anoncievet* E 4 bis v, B 12, 16, 23, 24,
H 124v, 125r, *signifievet* E 2v, B 19, H 1v, 61v, 94v,
huchievent, encomencievet, maingievet, jugievet, aber *jueye* B 15,
(*ludebam*).

Die Endung der II. Pluralis Praes. und des Imperativs
der I. lat. Conj. **-atis** wird eiz nach Consonanten und ez
nach Vocalen:

wardeiz E 20, 51r, B 2, 21, 34, 44, H 32r, *wardez*
B 42, *eswardeiz* E 119, 133v, 138v, B 3, 8, 28, 45, *esguar-
deiz* B 22, 23, *doneiz* E 51, 64, (*deneiz* 116), B 26, 43, 44,
H 106v, *panseiz* E 108, 121, 125v, *penseiz* 44, H 18r,
aveiz, (*aveez* B 8), *aiez* E 72 bis r, B 3, 29, (*ayez* B 2, 8,
15), H 98r, *gitiez* E 103, B 1, *soyez, cuidiez, laiez*.

Die Endung der III. Pers. Plur. Perfecti der lat.
I. Conj. **-arunt** giebt -erent, und in B -arent neben -erent:
anoncerent E 70r, H 16v, 77v, *tornerent* E 69v, B 44,
chanterent E 101v, *proicherent* E 69v, *clofcherent* E 17r..,
atroverent B 17, 22, 43, *troverent* H 10v, 48, 55v, 62r, 73r,
84v, *atrovarent* B 17, 21, 22..., *avrerent* B 22, 23, 24,
H 6v, 7r, 10r, 38r, 51v, 76r, *cuidarent* B 22, *cuiderent* H
29r, 65r, 103r, 106r..., *alerent* B 44, H 30v, 41r, 42v,
48r, 51v, 68r..., *mostrarent* B 22, *mostrerent* H 12r,
trespasserent B 27, H 63v, *repairarent* B 44, *pecharent* B 1,
pecherent H 58v...

Lat. Endung -ator giebt eres — selten eires —:
creeres E 53 bis v, 62v, 77br, 112, B 1, 3, 5, 8, 14,
24, H 68v, 69r, 107r, 108v, 123v, *creeires* B 16, *rachateres*

E 3ᵛ, 12, 17ʳ, 17 bis ᵛ, 28ᵛ, 29, 44ʳ ..., *rachateires* B 9,
H 40ᵛ, *moieneres* E 16, 77bᵛ, H 3ᵛ, 4ʳ, *moyeneres* B 17,
20, 29, — *moyiénieres* B 45 — *moieneires* H 3ᵛ, 76ʳ, *salveires*
B 1, 2, 3, 5, 12, 16, 17, 19 ..., H 8ᵛ, 44ᵛ, 87ᵛ, 90ᵛ,
habiteires E 90, H 35ʳ, *jangleires* E 124ᵛ, *doneires* ...

Lat. quare giebt: *car* E 2a, 3ʳ, 4ᵛ, 5ᵛ, 7 bis ᵛ,
8ʳ ..., B 1, 2, 3, 7, 8, 9, 14 ..., H 1ᵛ, 2ʳ, 2ᵛ, 3ʳ, 3ᵛ,
4ʳ, 5ʳ, 6ʳ, neben *kar* in E und H, und *quar* E.

Lat. freies a vor l' ist in unsern Denkmälern teils als
a erhalten geblieben, teils aber auch zu e und ei geworden,
nämlich: *mal* E 4 bis ᵛ, 7 bis ᵛ, 9, 34ʳ, 38ʳ, 39ᵛ ...,
B 1, 2, 6, 8, 9, 13, 14 ..., H 5ʳ, 5ᵛ, 6ʳ, 6ᵛ, 7ʳ, 8ᵛ ..,
26ᵛ .., 74ᵛ ..., *male, mals, mauls* E 32ʳ, *evval* E 17ᵛ, 20,
B 39, 45, H 11ᵛ, 12ʳ, 22ʳ, 33ʳ, 43ᵛ, *evvals, evvas* H 24ʳ,
ales (alas) E 32ʳ, 47ᵛ, 65, 65ᵛ, 66, 67ᵛ, 68ᵛ .., 77ʳ ....
B 12, 37, *corporals* E 10, *corporal* H 82ᵛ, 90ʳ, 95ʳ, *roial*
B 22, 28, H 61ᵛ, 99ᵛ, 100ʳ, *roias* B 2, *general, celestial,
natural* etc.

el: *charnels* E 31ᵛ, *charnel* B 8, 10, 15, 21, 23, 27 ...,
charnels H 2ʳ, 8ᵛ .., 52ʳ, 87ʳ, 108ʳ, 121ʳ. In E aber findet
sich meist *charnal* 41ʳ, 58, 99, 132ʳ, 134, *charnals* 9, 15,
38ʳ, *carnals* 27ʳ, *spiritel* E 21, 44ʳ, 44ᵛ, 61, 84ᵛ, 86ᵛ ...,
H 77ʳ, 84ᵛ, 87ʳ, 107ʳ, 111ᵛ, 118ᵛ, *speritel* B 22, *spirital*
E 38ʳ, 105, *espiritel* E 99, 135, B 11, 12, 13. 16, 20, 21,
26 ..., *esperitel* B, H, *espiritals* E 141, *mortel* E 83ᵛ, B 5,
19, H 127ʳ, *mortels* B 13, 20, H 2ᵛ, 3ʳ, 20ᵛ, 27ʳ, 34ᵛ,
100ʳ ..., *mortals* E 17ʳ, 29ᵛ, 47ᵛ ..., *corporels* E 83ᵛ,
105ᵛ, *corporel* B 15, 18, 24, 32, 40, H 75ʳ, 94ᵛ, 95ʳ,
115ᵛ, 118, *corporals* E 10, *corporal* H 82ᵛ, 90ʳ, 95ʳ, *tem-
porel, temporals* E 25ᵛ, 27ʳ, 35ᵛ, 96 ..., *tel, quel, quele.*

eil: *spiriteiz* E 70ᵛ, 121, *espiriteil* B 24, *esperiteil* H
40ᵛ, 42ʳ, *osteils* E 64ʳ, *spiriteil* H 35ʳ, 38ʳ, 50ᵛ, 54ᵛ,
65ᵛ, *morteil* H 33ʳ, 67ʳ, 87ᵛ, *charneil* H 48ʳ, *teil, teile,
queile* B 44.

Lat. a und u giebt au: *espaule* E 7 bis ᵛ, B 19,
espale B 19, *brau (brago* Diez E. W. I = lat. *faecem)* E 87,
115, B 8, 9, 10, 11, 12.

In E wird va(d)o *stao (vergl. Z. f. R. Ph. III, 484) zu
vuis 5ᵛ, *stuis* 49ᵛ.

Lat. a hat sich **in frz. freier Silbe** erhalten in der
ff-Gruppe schwach toniger Worte: *ja* E 23ᵛ, 84ʳ, 114ᵛ ...,
B 1, 2, 3, 4, 5 ..., H 1ᵛ, 2ʳ, 4ʳ, 9ʳ, 10ʳ, 11ᵛ, *a = ad,
ma, ta, sa; la (illác)* E 67ᵛ, 68ᵛ, 52ʳ, 60, *josc'a* E 57ᵛ,
62ᵛ.

Häufiger findet sich aber ai: *jai* E 19ᵛ, 20ᵛ, 22ᵛ,
23ᵛ, 23 bis ᵛ..., B 1, 5, 7, 8, 9, 10..., *ɼai* E 2ᵛ, 4 bis ᵛ,
6ᵛ, 6 bis ᵛ, 10..., H 9ᵛ, *kai* B 1, H 4ᵛ, 5ᵛ, 8ʳ, 9ᵛ...,
ceai E 73ʳ, 126, B 43, *zai* B 41, H 8ʳ, 12ʳ, 14ᵛ, 27ᵛ,
lai E 2a, 6ᵛ, 7 bis ᵛ, 9, 11, 12..., B 1, 2, 3, 4, 6, 8, 9,
10..., H 3ʳ, 4ʳ, 5ʳ, 6ʳ, 12ʳ, 14ʳ, 22ᵛ..., *josɼ'ai, jesɼai,
vai (vade)* 4 bis ᵛ. 8ʳ, 54, 72ᵛ, 87ᵛ, 98..., B 1, 2, 21,
39, 43..., H 18ʳ, *vait* in B 15, 26, 35, 41, 44, H 50,
88ᵛ neben regelmässigem *vet* in E 7 bis ᵛ, 21, 32ʳ, 48ᵛ,
60..., H 41ᵛ, 115ᵛ.

Daneben findet sich *vat* E 17, 24, 34.., B 13, 23, 37,
38, H 49ʳ, 79ᵛ, 85ʳ, 92ʳ, *wet* E 32ʳ, *habet* giebt *et* in E
13, 17ᵛ, 22ᵛ, 28ᵛ, 30ᵛ.., 132ʳ und *at* E 31, 32ʳ, 74ᵛ,
90, 115, B 2, 3, 4, 7, 8, 12..., H 1ᵛ, 2ᵛ, 3ʳ, 3ᵛ, 4ʳ,
4ᵛ..., *es* E, *as* B, H.

Bei der Bildung des Futurs verwenden E und H meist
-es, -et, B dagegen meist -as, -at, (s. Futurbildung auf -it).

parleres E 68 bis ᵛ, 113, 139, *seres* 113, 135ᵛ, 138,
B 4, H 100ᵛ, 105ᵛ, *serres* H 64ʳ, *dires* E 103, 109, 137ᵛ,
B 9, *saveres* H 116ᵛ, 117ʳ, *renoieres* 57ᵛ, 87ᵛ, 88ʳ, 97ʳ,
98ᵛ, *averes*..., *averas* B 3, 7, 21, 26, 29, 34, *seras* B 22,
40, *poras* B 1, 3, 5, 7, 11, *saveras* B 3, *iras* E 45ᵛ, 62ᵛ,
maingeras H 9ᵛ, *morras* 9ᵛ, *seret* E 4 bis ᵛ, 23 bis ᵛ, *serat*
B 2, 4, 5, 8, 9, 10..., *venret* E 135ᵛ, H 95ᵛ, 106ʳ, 108ᵛ,
venrat B 2, 4, 5, 9, 10, 11, 12, 14..., H 8ᵛ, *poret* H 75ʳ,
porat B 7, 9, 12, 13, 21, 22..., H 2ᵛ, 5ʳ, *averat* B 5, 8,
11, 14, 16, 18..., H 4ᵛ, 9ʳ, 16ʳ... etc.

Eine eigentümliche Entwicklung zeigt in E das lat. fr.
a, indem es zu oi wird: *estoperoiz* E 21 *(tunen estoperoiz
mies la boche de buef ki bat)* (= *obturabis)*, daneben *endurreis
(si endurreis encontre lei ta faceon)* E 141 *(obfirmabis)*, hier
zeigt sich in der Endung des Futurs das nachtönende i.

Lat. fr. a unter den Bedingungen des Bartschischen
Gesetzes zeigt ie, nämlich: *chier* E 40ʳ, 42ʳ, 61ᵛ, 66,
103ᵛ..., B 1, 2, 3, 4, 5, 6, 7, 8..., H 32ʳ, 46ʳ, 69ᵛ,
93ᵛ, 11ʳ — *treschier* E pr, 35ᵛ, 49ᵛ, 60, 118..., *chiers,
chiere, chiet* E pr, 23ᵛ, 43ᵛ, 76ᵛ, 84ᵛ, 87, 93ᵛ..., B 10, 14,
20, 21, 23..., H 74ʳ, *chient* E 88, 128ᵛ, 140ᵛ, *chieent* E
87ᵛ, 89, 127ᵛ, 139ᵛ, B 26, 32, 41, *chieient* E 87ᵛ, B 39,
pechiez E 12, 17ʳ, 32ʳ, 68ᵛ, 97, 115..., B 1, 2, 3, 4, 7,
8, 13, 14, H 1ᵛ, 3ʳ, 3ᵛ, 4ʳ, 5ᵛ, 6ʳ, 8ᵛ.., 73ʳ..., *chief*
E 19, 44ᵛ, 57ᵛ, 70ʳ, 102..., B 1, 4, 5, 10, 13, 15....
H 17ᵛ, 28ʳ, 32ᵛ, 45ᵛ, 46ʳ, 47ʳ..., 101ʳ..., *ɼiiet* E
17ᵥ, 53ᵛ, 53 bis ᵛ, 54, 67ᵛ, 118ᵛ..., B 1, 2, 3, 4, 5..,

13. 14 . . ., H 8ᵛ, 75ʳ, 82ʳ, 92ʳ, 104ʳ, 105ᵛ . . ., *pechieres*
E 28ᵛ, 110, 115, 130ᵛ, 133 . . ., B 26, 28, 29, 43, H 116ʳ,
prochieres E, *proichieres* E, B, H, *jugieres* E 53ᵛ, 63, 93ᵛ.
B 12, 43, 44, H 9ʳ, 81ᵛ . . ., *chien* E 20ᵛ, H 9ᵤʳ, *chiens*
B 10, 11, *anoncier* E 15, B 5, 7, 8, 12, H 31ᵛ, 125ᵛ, *mer-*
ruillier E 70ʳ, 8Sᵛ, 123, B 9, 12, 14, H 25ʳ, 105ᵛ,
maingier E 42ʳ, 42ᵛ, 51, 68 bis ᵛ, 71ᵛ . . ., B 12, 27, 28,
32, 39, 40, H 7ʳ, 27ʳ, 27ᵛ, 29ʳ, 29ᵛ, 47ʳ, 49ᵛ, 50ᵛ . .,
102ʳ . . ., *cuidier, proichier, jugier, aidier, vengier, anonciet,*
signifiet etc., *lignieie* E 5ᵛ, 12, 13, 28ᵛ, 44ᵛ . . ., B 1, 2, 9,
13, 14, 29 . . ., H 5ʳ, 7ʳ, 12ᵛ, *conpaignieie* E 72ʳ, B 12,
28, 33, 37, H 36ᵛ, 39ʳ, 73, 98ʳ, 99ᵛ . . ., *maisnieie* B 23,
38, H 50ᵛ.

Daneben findet sich die Contraction von ieie zu ie (iee):
lignie E 10, B 4, 43, 45, *ligniee* B 6, 9, 12, H 36ᵛ, *con-*
paignie E 98, 137, *conpaigniee* B 1, 3, 28, 38, H 94ᵛ, *maisnie*
B 43.

Eine Vereinfachung des ie zu e zeigt: *cheres (cathedras)*
E 17 bis ᵛ, *ches (cadis)* E 124ᵛ.

Lat. Suffix -anum hinter lat. oder roman. i wird meist
ien, daneben zeigen B und H iien sowie iain und E eien,
wenn auch vereinzelt: *païⁱns* E 2ᵛ, 15, 22, 42ᵛ, 43ʳ, 43ᵛ,
46ʳ . ., 81ᵛ, B 7, 8, 12, 24, 28, H 40ʳ, 40ᵛ, 41ʳ, 42ᵛ,
43ʳ, 43ᵛ . ., 90ᵛ . . ., *dairien* E 16, B 30, H 15ᵛ, 24ᵛ, 27ʳ,
77ʳ, 77ᵛ, *dairiens* neben *dariens* in Ē und B, *terriën* E 49ᵛ,
56, 114ᵛ, B 8, 10, 14, 24, H 37ᵛ, 50ᵛ, 124ʳ, *terriëns,*
terriëne, terriënes, celestiëns E 21ᵛ, 23 bis ᵛ, 25, 39ʳ, 40ᵛ,
43ʳ . . ., B 15, 16, 28, 32, 39, H 41ʳ, *celestiëns, celestiëne,*
anciëns E 45ᵛ, 72ᵛ, 100ᵛ, B 7, 21, 27, 28, 29, 39 . . ,
H 39ᵛ, 41ᵛ, 45ʳ, 58ʳ, 66ʳ . ., 98ʳ, *anciën, Corinthiëns* E
92ᵛ, 95ᵛ, H 112ʳ, *Chorinthiëns* E 95, 128ᵛ, 129, *Chorin-*
thiëns E 94, 128 . . ., *cristiën* B 25, 28, H 16ʳ, 19 etc.

iien: *celestiiënes* B 12, *cristiiëns* B 12, *Christiiëns* H 20ʳ,
97ʳ, 105ᵛ, *cristiiën* B 14, *Christiiën* H 96ʳ, 96ᵛ.

iain, iaine, bez. **eien:** *meridiains* B 21, *christiaine* H
70ʳ, *terreien* E 56, *Ebreiens* E 24ʳ, 24ᵛ, (*Ebrien* E 23 bis ᵛ).

Lat. fr. a vor m und n weist die Entwicklung ai auf.
Daneben tritt in E zuweilen und in B und H je einmal die
Schreibung ei und in E und B die Schreibung e auf.

ai: *main* E pr, 11, 21, 32ʳ, 41ʳ, 44ᵛ, 52, 76ᵛ . . .,
B 1, 4, 9, 12, 14, 20, 26, 41 . . ., H 1ᵛ, 2ʳ, 12ᵛ, 22ʳ,
22ᵛ . . ., 85ʳ, 116ʳ, *humain* E 26, B 12, H 18ʳ, 48ʳ, *umain,*
humains, umains, soverain E 47ᵛ, 135ᵛ, B 8, 23, 33, H 26ʳ,
38ʳ, 57ʳ, 80ʳ, 92ʳ . . ., *maintes* (ahd. *mangôti*) E 16, 77bᵛ,

95ᵛ. 117ᵛ, 108ᵛ, B 6, 8, 12, 13, 17, 20, 22 ..., H 8ʳ,
9ʳ, 16ᵛ, 33ᵛ, 34ᵛ, 68ᵛ.., 97ʳ..., *maint, pain* E 47ʳ, 104.
B 7, 12, 13, 14, 15, 27, 32, 39 ..., H 26ᵛ, 27ʳ, 28ʳ, 36ᵛ.
47ᵛ, 49ʳ, 49ᵛ..., 119ʳ..., *pains, fontaine* E 41ʳ, B 9, 10,
13, 26, 27, 29, 31..., H 16ʳ, 69ʳ, 84ʳ, 87ʳ, *semaine*
(*septimanam*) E 54ʳ, B 37 (*semmaine* B 43), H 39ᵛ, 122ʳ,
122ᵛ, 123ʳ, *deforaine* E, B. *sain* E, B, *envain, rain* (*rains*
H), *aimet* E 8ʳ, 9, 72ʳ, 108, B 43, *ainmet* E 25ʳ, 35ʳ, 52.
B 1, 3, 8, 9, 11, 12..., 34..,, H 15ᵛ, 17ʳ, 42ʳ, 74ʳ,
74ᵛ, 85ᵛ..., *aiment* E 17 bis ᵛ, 21, 24, 31ᵛ, 52, 59, 92.
ainment E 81ᵛ, B 10, 11, 12, 14, 17, 39..., *aimment* E
110. 116ᵛ, B 4, 5, 8, *ainme, aim, aime* (*amo*) E, *aince* B 40,
qim H 12ᵛ, *permaint* E 39ʳ, 114, 114ᵛ, B 7, 12, 32, 44,
H 21ᵛ, 85ʳ, *permainent, maint* (*manet*), *remaint, saine,* (*sana*,
Imperat.), E 115, B 7.

el: *meins* E 42ᵛ, 101, *umein* E 28ʳ, *umeine* E 12, 13,
16, 38ʳ, 40ᵛ, *humeins* E 13, 95, *vein* (*vanum*) E 136, *greveine*
E 33ᵛ, *fonteine* E 17ᵛ, *demein* E 105, *citein* E 28ᵛ, 102ᵛ,
cisteine 132, *salein* (= lat. *flatus*) E 98, *seinet* (*sanat*) H 78ʳ,
virgineine B 31.

en: *mens* E 123ᵛ, 125, 134ᵛ, *pen* (*panem*) E 50ʳ,
soverenes E 78ᵛ, *grevene* E 132ᵛ, *forens* H 102ᵛ, *publikens*
(*publicanus*) H 45ʳ, 81ʳ, *publiken* 81ʳ, in E und B *publicains*
und in H ausserdem *publicaens* E 45ʳ.

i für ai steht in H 17ᵛ *rins* (*ramos*), doch wird diese
Form ein Schreibfehler sein, zumal die hs nach Suchier es
unentschieden lässt, ob es *rains* oder *rins* heisst.

Lat animam wird in unsern Denkmälern verschieden
wiedergegeben: *airme* E 7 bis ᵛ, 38ʳ, 44ʳ, 61, 74 bis ᵛ..,
125..., *eirme* E 12, *ainrme* E 114, 137, B 3, 4, 5, 7, 8,
9..., 21..., H 71ᵛ, 74ᵛ, 85ᵛ, 105ʳ, *ainmes* E 125,
H 2ᵛ, 3ʳ, 9ᵛ, 10ʳ (10 mal).., 65ᵛ, 67ᵛ..., *armes* E
44ᵛ, B 43, 44 (vom 2. Schreiber), *anrme* B 11, 40, 45.

Lat. gedecktes a bleibt als solches erhalten, nämlich:
char E 5ᵛ, 10, 12, 32ʳ, 35ᵛ, 42ᵛ, 43ʳ, 46ʳ..., B 1, 2, 3,
4, 5.., 12, 13.... H 2ᵛ, 4ᵛ, 5ʳ, 6ʳ, 12ᵛ.., 89ᵛ,
90ᵛ..., *chars, quatre* E 4ᵛ, 10, 16, 17ᵛ, 20, 20ᵛ.., 138...,
B 3, 13, 29, 30, 35, 36..., H 31ᵛ, 36ᵛ, 44ʳ, 71ᵛ, 102ʳ....
armes E 9, 66, 70ᵛ. 73ʳ, 123, B 3, 9, 11, 13, 32. 38,
42..., H 55ʳ, *wqrdet* E 25ʳ, 27ᵛ, 34. 35ʳ.... 116...,
B 3, 9, 24. 26, 32..., H 7ᵛ, 8ʳ, 10ʳ, 12ᵛ. 20ᵛ. 34ᵛ..,
73ᵛ..., *guardet* E 132, *warde, esrrardet*.... *dras* E 133,
B 4, 7, 13, 15, 16, 17..., H 67ʳ, *part* E 34ʳ, 45ʳ, 54,

59, 64ᵛ.., 92...., B 5, 7, 10, 11, 22, 24..., H 10ʳ,
52ᵛ, 53ʳ, 73ʳ, 83ʳ, 107ᵛ..., *departet, departent, larmes* E
31, 35ʳ, 35ᵛ, 60, 66, 84ʳ..., B 4, 15, 17, 24, 35, H 45ᵛ,
81ᵛ, 93ᵛ, 98ʳ, 99ʳ, *stat* (E *stet* 47ᵛ, 61).

Das voraufgehende c' bewirkt in E und B den Über-
gang von a in e bei *chers (carnem)* E 67ᵛ, *checet* E 17 bis
ᵛ, *cherge* E 133, B 33.

malade E 13, 35ᵛ, 128, B 7, 12, 20, H 114ᵛ neben
maleides E 77bᵛ.

Vor l bleibt gedecktes a meist erhalten, zuweilen wird
es nach Auflösung des l zu au.

a: *halt* E 20, 29ᵛ, 31, 42ʳ, 43ʳ, 50ᵛ, 54ᵛ..., B 1,
2, 7, 8, 35, H 1ᵛ, 2ᵛ, 32ᵛ, 37ʳ, 43ʳ, 50ᵛ, 54ᵛ..., *halz,
halte*..., *altre* E pr, 4 bis ᵛ, 7ᵛ, 7 bis ᵛ, 12, 15, 19...,
B 3, 4, 5, 7, 10, 12, 13..., H 2ʳ, 5ʳ, 6ʳ, 6ᵛ, 8ʳ.., 65ʳ,
67ᵛ..., *cheval* E 87ᵛ, B 39, *chevals* H 40ᵛ, *chivals* B 21,
chival H 42ʳ, *defalt* E 23ᵛ, 65, 75ʳ, 97ᵛ, 118ᵛ, B 4, 8,
12, 18, 25, 27..., *deffalt* B 43, *falt* E 7ᵛ, 126ᵛ, 128, B 12,
27, H 4ᵛ, 42ᵛ, 115ᵛ, *fals, salf, valt.*

au: *haut* E 31, *essauce* B 37, *essauces* H 11ʳ, *essaucent*
H 34ᵛ, *faut* E 7 bis ᵛ, 22ᵛ, 71ᵛ, 128, *faus* E 8ʳ, *fauls
(falsus)* E 8ʳ, *chaudes* E 34ᵛ.

Suffix aculum ·wird acle: *miracle* E 12, 43ᵛ, 111ᵛ,
B 7, 9, 10, 24, 27, 39, *miracles* H 7ᵛ, 14ʳ, 15ʳ, 18ᵛ, 40ᵛ,
43ᵛ..., *taleernacle* E 25ʳ, 25ᵛ, 44ʳ, 47ᵛ, 59, 132ᵛ, B 22,
H 2ʳ, 5ʳ, 99ᵛ.

Suffix -abilem wird avle: *colpavles* E 129ᵛ, — *culpavles*
91, 125ᵛ, 126 — B 34, 44, 45.., H 17ᵛ, 113ᵛ, *convenavle*
E 10, 11, B 1, 10, 11, 18, 20, 22, 25.., *covenavles* E 100ᵛ,
115, B 43, *covenavle* B 44, 45, H 14ʳ, 33ᵛ, 57ʳ, 101ʳ,
muavle E 16, B 33, — *mouaavles* E 38ʳ, 38ᵛ, — *espavven-
tavle* E 49ᵛ, 50ʳ, 52, 63, *eepoentavle* B 21, *espoentavles* B 13,
espoantavle E 50ᵛ.

In E *permainavle, despectavle, dontavle...*, *tavle* (= *mensa*)
B 14, 27, 32, 34..., H 48ᵛ, 86ʳ, 115ʳ.

diabolum giebt: *diavle* E 12, 17 bis ᵛ, 70ᵛ, B 1, 5,
9, 14, 16, 29, 40..., H 2ᵛ, 4ᵛ, 6ᵛ, 7ʳ, 8ʳ, 10ᵛ., 66ᵛ,
68ᵛ..., *deavles* E 13.

Lat. Endung -aticum zeigt fast durchgehends die Entwicklung zu aige. Daneben findet sich auch in E und H
(in B nur *fromage* B 2) zuweilen -age: *tesmoignaige* E 3ʳ,
B 1, 3, 4, 7, 12..., 24..., H 21ᵛ, 24ᵛ, 55ᵛ, 72ᵛ,
73ʳ..., *coraige* E 3ʳ, 3ᵛ, 4 bis ᵛ, 7 bis ᵛ, 27, 35ʳ..,

96ᵛ..., B 23, H 16ᵛ, 59ʳ, 79ʳ, 88ʳ, 93ᵛ, *mesaige* E 4
bis ᵛ, 66, H 118ʳ, *missaige* B 44, 45, *aige* E 10, 11, 12,
B 15, 21, 24, 31, *aaige* B, *estaige* E 13, 28ʳ, 110ᵛ, 113. 114ᵛ...,
B 3, 9, 12, 28, 30, H 97ᵛ, *estaitges* E 119, H. *estaiges* 122ʳ,
damaige E 133, B 9, 12, 21, 35, H 41ʳ, 83ʳ, *heritaige* B,
H, *aritaige* B 45.

age: *age* E 44ᵛ, *aage* H 12ᵛ, 13ʳ, 48ʳ, 69ʳ, 108ᵛ,
tesmoignage E 32ʳ, 128, H 59ᵛ, *corage* E 53ᵛ, 59, 74ᵛ,
106ᵛ, *estage* E 16, 113, 134ᵛ, *heritage* E 95, *haritage* B 43,
44, *damage* E 35ʳ, 91ᵛ, *linguage* H 48ʳ, 97ʳ, 97ᵛ, 106ʳ,
115ʳ, *lingnage* H 48ʳ, 49ᵛ, *vendage* 31ᵛ, 83ʳ.

Lat. *sapidum* findet sich stets als *saige* E 17 bis ᵛ, 31,
42ʳ, 64, 76ᵛ.., 138..., B 4, 10, 11, 15, 22, 24..., H
34ᵛ, 76ᵛ.

Lat. a und i, gleichviel ob es ein herangezogenes i der
folgenden Silbe, oder ein aus c entstandenes ist, wird durch
ai wiedergegeben: *faire* E 7ᵛ, 19, 22ᵛ, 23 bis ᵛ, 27ʳ, 34,
36ʳ.., B 1, 3, 4, 6, 8, 9.., 17, H 2ʳ, 4ᵛ, 5ʳ, 5ᵛ, 6ᵛ,
9ʳ.., 64ʳ, 70ᵛ.., 103ᵛ, *fait, faiz, faites, perfait, (perfeit,
feit E)*; *maistre* E 22, 25, 44ᵛ, 69ᵛ, 138, B 6, 21, 35, 39,
44, H 25ʳ, 42ʳ, 48ᵛ, 49ʳ, 54ʳ, 55ʳ.., 110ᵛ..., *plaies* E
13, 50ᵛ, 93, 95ᵛ, 103ᵛ, 108ᵛ, B 15, 17, 18, 20, 34, 35...,
H 6ᵛ, 7ᵛ, 78ʳ, *malrais* E 15, 33, 35ᵛ, 51, 54.., *malvaiz*
E 34ʳ, 75ʳ, 102ᵛ, 118ᵛ, B 9, 19, 26, 35, 40, H 5ᵛ, 69ʳ,
aitre (atrium) E 34ʳ, 98, 135, H 110ʳ, *aitres* B 44, *traire*
(= *tradere* und *trahere*) E 12, 52, 131ᵛ, B 1, 4, 12, 21, 22,
35..., H 30ᵛ, 31ʳ, 42ʳ, 47ᵛ, 54ʳ.., 117ʳ, *mais* E pr,
2a, 4ᵛ, 5ᵛ, 6ᵛ, 7 bis ᵛ.., B 1, 2, 3, 4, 5, 6, 7, 8...,
H 1ᵛ, 2ᵛ, 4ʳ, 4ᵛ, 5ʳ, 5ᵛ, 6ᵛ, *paix* E 26ʳ, 35ᵛ, 72ʳ, 72
bis ʳ, 72ᵛ, 102ᵛ..., B 1, 3, 4, 5, 8, 10, 15..., H 4ʳ,
15ʳ, 37ʳ, 42ʳ, 54ʳ.., 92..., *wai* (= *vae*) E 77ʳ, 101ᵛ,
102, 102ᵛ, 103, 103ᵛ..., B 8, 10, 18, 25, 27 (*hay* B, 4,
15, 32, 29), H 14ʳ, 49ʳ, 70ᵛ, 85ʳ, *contraire* E 30, B 8, 14,
19, 20, 35, 41..., H 34ᵛ, 39ᵛ, 46ᵛ, 67ᵛ, 88ʳ, 101ʳ...,
aversaires (adversaires E), vicaire, hair (ae hatjan), hait (H:
heit), ai (habeo) E 5ᵛ, 17 bis ᵛ, 19, 47ʳ, 77ᵛ, B 1, 3, 10,
13, 14, 15, 22..., H 5ʳ, 7ᵛ, 8ʳ, 11ᵛ, 17ᵛ, 37ᵛ..., *sai*
E 4 bis ᵛ, 77ʳ, B 1, 3, 5, 10, 16, 22, 34, H 6ʳ, 17ᵛ,
57ʳ, 57ᵛ, 97ᵛ, 117ᵛ...

Desgleichen die 1. Person Futuri: *ferai* E 6ᵛ, 137ᵛ,
138, 138ᵛ, B 3, 8, 14, 34, H 48ʳ, 60ᵛ, 95ʳ, *ferrai* H 51ʳ,
87ᵛ, *materai* E 82ʳ, 104, 129, 130, 131ᵛ, *matterai* B 14, 39,
H 89ᵛ, *serai, averai, dirai* etc.

Daneben findet sich in E: *je suscitera* E 8r , *je requerra*
125v . Dieses a findet sich auch in B: *nastre* B 15, 22,
renastre B 21.

Die 1. Person Perfecti der I. lat. Conjugation wird in
unseren Texten entweder durch ei oder durch ai wiedergegeben, und zwar gebraucht H nur ei und B nur ai. In E
finden wir beide Schreibungen gleich häufig: *menei* E 8,
habitei E 8, *lerei* E 134, *alei* E 134, *abandonei* H 96, *donei*
H 57r , *clarifiei* H 76v , *plantei* H 101v , *tenoiai* E pr, *pansai*
E pr, *alai* E 121, 122v , *trespassai* B 10, *comencai* B 21,
parlai B 40, *dottai* B 44.

In der 3. Person Sing. Perfecti der lat. I. Conjugation
schreibt E meist -et, B -at und H -eit. Jedoch tritt in H
und E bei vocalischem Stammesauslaut -at für eit ein: *rreet*
E pr, *esprovet* E 2v , *relevet* E 5v , *atampret* E 16, *amet* E
17 bis v , *apelet* E 69r , *juret* E 78r , *parlet* E 83v etc.

at: *trabuchat* E 30v , *confermat* E 30v , *aquestat* E 42r ,
perdat E 42r , *donnat* B 7, 9, 13, 16, 19, 21, 28, 39, *donneit*
B 7, H 17r , 49r , 50r , 53v , 70r , 80r . . ., *montat* B 1, 10,
14, 44, *monteit* 15r , 19r , 19v , 39r , 44r , 71v . . ., *trespassat*
·E 30v , B 1, 9, *tresspesseit* H 9v , 80r , *alat* B 8, 21, 25, 26,
45, H *alleit* 14r , 14v , 26v , 30v , 47r , 52r . . ., *parlat* B 12,
17, 22, *parleit* H 24v , 39r , 82v , 88v , E 69r , *apelat* B,
apeleit H, *anonzat, anonceit, atrovat* B, *trovat* H, *mostrat* H
8r , *humiliat* B 13, H 34r , 37r , 72v , 89r , 95v . . ., *crucifiat*
B 20, H 32r , *vivifiat* E 30v , H 15v , *saintifiat, umiliat* . . .,
aber *saintifieit* H 23v , 24r , *clarifieit* 120v .

Lat. a vor c mit folgendem e oder i oder ti v giebt
in unseren Denkmälern ai neben a: *graice* E 7 bis v , 8,
9, 15, 16, 22v . . ., B 2, 9, 10, 11, 13 . . ., H 3r , 4v , 19v ,
22v , 24r , 29r , 30v . . ., *solaiz* B 4, 8, 10, 17, 22, 35, H 94,
faiz E 5v , B 1, 43, H 117r , *faices* B 44, *faicent.*
grace E 42v , 45r , 63v , B 2, 3, 5, 7, 8, 9 . . ., *facet*
E . . . 83v , 94v , 99, 111v , 117 . . ., B 2, 3, 7, 9, 10 . . .,
H 41r , 49v , 62r , 71r , 75r . . ., *faces, facent,*

Für ai findet sich in E und H ganz vereinzelt e (æ)
geschrieben *fæz* E 50v , *fez* H 116v .

ai vor n: *saint* E pr, 5v , 8r , 13, 15, 17v , 17 bis v . . .,
B 7, 10, 11, 12, 14, 17 . . ., H 1v , 2v , 3r , 4r , 5r , 8r . .,
65r . . ., *sainz, sainte, saintes.*

In E findet sich daneben die Schreibung ei: *seinz* E
30v , 32r , 45v , 67v , 68v , *seint* 37r , und e *senz* E 29, 124.

Lat. a und m (n) derselben Silbe wird wie im Französischen regelrecht zu ã, in der Schrift ausgedrückt an

(einmal in H en in *ignorence* H 83ᵛ): *davant* E pr, 4ᵛ, 4
bis ᵛ, 10, 17ʳ, 21, 26ᵛ..., B 1, 2, 3, 4, 6, 7, 8, 9...,
H 1v, 2ʳ, 9ʳ, 17ᵛ.., 40ᵛ, 41ᵛ..., *grant* E pr, 3ʳ, 8ʳ,
15, 16, 17ᵛ, 46, 49..., B 1, 2, 3, 4, 5, 6, 10, 11, 12...,
H 12ᵛ, 15ʳ, 15ᵛ.., 64ᵛ, 65ʳ, 74ʳ..., *tant* E 2a, 2ᵛ, 5ᵛ,
11, 21, 34ʳ, 43ᵛ..., B 1, 3, 7, 8, 9, 10, 11, 12..., H
3ᵛ, 4ʳ, 5ʳ, 7ᵛ.., 19ᵛ.., 66ʳ.., 113ʳ..., *enfanz* E 4 bis ᵛ,
10, 23 bis ᵛ, 96, B 10, 15, 17, 18, 24..., H 18ʳ, *enfant*,
an E 10, 11, 12.., 123ᵛ, B 1, 3, 20, 21, 22, 24..., H
1ᵛ, 25ᵛ, 26ʳ, 55ᵛ, 109ᵛ, 112ʳ..., *franc* E 54, 103, 126,
B 44, *frans* H 40, *franche, sanc* E 43ʳ, 47, 70ᵛ, 125ᵛ, 126,
129ᵛ..., B 3, 4, 8, 12, 13, 15, 19, 21..., H 1ᵛ, 2ᵛ, 3ʳ..,
20ʳ, 21.., 64ᵛ..., *champ* E 43ʳ, 85ʳ, 100, 134, 134ᵛ...,
B 2, 10, 26, 43, H 59ʳ, 97ᵛ, *chant, flame (flamme), avant,*
quant, chambres, escandle etc.

Suffix antiam: *abondance* E 22ᵛ, 106ᵛ, 118, B 10,
27, H 52, *habondance* B und H, *substance* E 26ʳ, 29, B 3,
9, 12, H 22ʳ, 22ᵛ, 32ᵛ, 66ʳ, 107ᵛ, *sustance* E 63, B 4, 9,
14, 17, 24..., H 108ʳ, *sostance* E, B, *dotance* E 28ᵛ, 31ᵛ,
89, 89ᵛ, 101ᵛ, B 32, H 11ʳ, *ignorance* E, (*ignorence* H 83ᵛ),
esperance.

Häufig ist die **Endung -entiam** mit -antiam vertauscht.
Daher giebt auch entiam: *ance* in: *conissance* E pr, 13, 20,
48ᵛ, 81ʳ..., B 3, 18, 23, 44..., H 4ʳ, 82ʳ, 83ʳ, 96ᵛ,
115ᵛ, *conisxance* B, *naissance* E 2ᵛ, 42ʳ, B 7, 8, 15, 40, 44,
neissance B 7, 13, 15, 16, 20, 22..., H 12v, *nei xance,*
naxance, nexance in B, *possance* E 13, 16, 51, 63ᵛ, 74 bis ᵛ,
poixance B 1, 9, *poxance* B, 9, 13, *poissance* H 34ᵛ, 38ʳ,
46ʳ, 66ᵛ, 69ᵛ..., *creance* E 35ᵛ, B 12, H 30ʳ, 30ᵛ, 43ᵛ,
68ʳ, 72ᵛ, *mescreance.*

In E findet sich ãn neben en bei entiam gleich gebraucht, während B und H nur en aufweisen, z. B.: *presance*
E, *presence* E, B, H, *santance* E, *santence* E, *sentence* E, B, H.

Lat. entiam vergl. lat. e und n, -ande statt -enda:
offrande E 31, 72ᵛ, B 12, 13, 31, H 86ʳ, 103ᵛ.

Die Participia Praesentis aller Conjugationen werden
in unsern Denkmälern durch ant ausgedrückt: *juganz* E
17ᵛ, *jujans* B 13, *jujanz* H 114ᵛ, *eswardant* E 32, 62ᵛ, 75ʳ,
wardant H 74ᵛ, *stant* E 75ʳ, 86ᵛ, *estant* B 10, H 39ʳ,
permenant E 17ʳ, 24ʳ, 31, 47ʳ, 50ʳ, 61..., B 2, 4, 5, 7,
9, 10..., H 4ᵛ, 21ᵛ, 25ᵛ, 27ʳ, 27ᵛ, 28ʳ..., 113ʳ, *par-*
menant H, *disanz* E 2ᵛ, 21, 51, 52, 77ᵛ, 77bᵛ..., H 2ʳ,
76ᵛ, *disant* B 27, *leisant* E, H, *alant* E 40ᵛ, H 43ᵛ, 66,
66ʳ, 94ʳ, 105ᵛ, *alanz* B 35, *possant* E 3, 10, 12, 24ʳ, 24ᵛ,

25ʳ .., *poxuns* B 5, 13, *possanz* B 44, *poissant* E 31, 31ᵛ, B 15, 28, 41, H 43ᵛ, 109ᵛ, 110ʳ, *puissanz* H 16ʳ, 53ʳ, *ardant* E 38ᵛ, 50ʳ, 51, 57ᵛ, 61ᵛ, 80ᵛ, B 24, 39, 41 ..., H 10ᵛ, *ardanz, mescranz* E pr, 59, 135ᵛ, *creanz* B 12, 22, 23, *mescreanz* H 21ᵛ, 25ʳ, 98ʳ, 127ᵛ..., *seriant* E pr, 8ʳ, 23 bis ᵛ, 24ʳ, 24ᵛ.., 77ᵛ, B 12, 25, 27, 28, 40, H 54ʳ, *sevianz, sergent* B 43, 44.

Ursprüngliche Participia praesentis, die schon im Lat. zu Adjectiven und Substantiven geworden sind, werden zuweilen in E (B) entsprechend den obigen Participien durch an ausgedrückt, meist jedoch werden sie als Adjectiva auf -entem angesehn und mit en geschrieben.

serpans E 131, *serpens* E 131, B 2, 39, 40, H *sarpens* 36ʳ, *serpenz* 36ʳ, *oriant* E 17ʳ, 22, 51, B 12, 24, 31, *orient* B 24, H 36ᵛ, 67ʳ, 109ʳ, *occidant* E 17ʳ, 22, 51, *occident* B 12, H 36ᵛ, *presant* E 2a, 3ʳ, 3ᵛ, 4ᵛ, 4 bis ᵛ, 5ᵛ.., 25ᵛ.., 133ᵛ, *presenz* E pr, 2a.., 33ᵛ, 39ʳ.., 75ʳ, B 4, 35, 36, H 13ʳ, *fervens* E 23ᵛ, 127ᵛ, *fervenz* B 13, 37, 43, *innocenz* E 94, B 18, 21, 26, 43, 44, *inocens* H 61ʳ, 101ᵛ, *inobedient* ..., *obediens* ...

a und mouilliertem n ist im Inlaut dargestellt durch aing, aign (seltener eign, agn in E, an in B und E): *estrainge* E 8, 11, 28ʳ, 86, 90 ..., B 24, 30, 38, 40, H 62ʳ, 66ᵛ, *plaignre* E 65, 119ᵛ, B 7, *montaigne* B 9, 28, H 40ᵛ, *chainget (cambiare)* E 24, 106ᵛ, 107ᵛ, B 40, 44, H 15ᵛ, 49ᵛ, *estreigne* E 11, 35ʳ, *plangre* E 66, *plagnent* E 17ᵛ, *deplant* E 77ʳ, *plant* B 35.

Lat. arium (erium) wird in unseren Texten meist zu ier: *primier* E pr, 16, 17ᵛ, 118, B 2, 4, 5, 9, 10, 13, 14..., *primier* H 3ᵛ, 4ᵛ, 19ʳ, 29ᵛ, 34ʳ.., 122ᵛ, *primiere, primiers, premier, chivelier* E 6 bis ᵛ, *chivalier* H 61ʳ, 99ᵛ, 100ᵛ, 101ʳ..., *chevalier* H 99ᵛ, *chivaliers* E, B, *desier* E 22, 23 bis ᵛ, 25ʳ, 37ʳ..., 105 ..., B 4, 5, 7, 8, 11, 12, 15..., H 38ʳ, 75ʳ, *lovviers* E 34ʳ, 52, 96, 121, B 44, *lovvier* H 47ʳ, *lovier* E 53 bis ᵛ, H 47ʳ, 74ᵛ, 89ʳ, 92ᵛ.., *loyers* H 52ʳ, 74ᵛ, 75ʳ, *luyer* B 4, 10, 26, *luvier* E 103ᵛ, *mestiers* E 72ᵛ, — *mistier* E 3ʳ, 6ᵛ, 12 ..., 94, 105ᵛ, — B 1, 9, 10, 12, 13, 14 ..., H 40ᵛ, 86ᵛ, 108ᵛ, 110ᵛ, *maniere* E 3ʳ, 6ᵛ, 10, 17 bis ᵛ, 34ʳ, 46ʳ.., 74ᵛ.., 94 ..., B 1, 2, 3, 5, 6, 7, 9 .., 17 ..., H 3ᵛ, 5ᵛ, 6ʳ, 8ᵛ, 9ᵛ.., 96ᵛ, 104ᵛ..., *droiturier, voluntiers* E, *volentiers* H, B, *saltier* (H *psaltier*), *proiere, aversier, chandelier* ...

Neben ier zeigt E auch -er und B (II. Teil) sowie H -eire.

mister E 53ᵛ, *misters* E 24ᵛ, *chandeler* E 44, 44ᵛ, *chambereire* B 44, (*chambriere* B 44, H 97ᵛ), *avouteire* B 43, *avouteires* H 94ʳ, *adulteire* B 43, 44, *mateire* B 1.
Lat. aqua ist wiedergegeben durch: *avve* E pr, 6ᵛ, 41ʳ, 41ᵛ, 43ᵛ, 44ʳ ..., 82ᵛ .., 136ʳ ..., B 1, 22, 23, 24, 25, 26, 27, 34, 37, 45, H 15ᵛ, 16ʳ, 40ʳ, 49ᵛ, 60ᵛ, 69ʳ, 69ᵛ .., 116ʳ ..., *aw* E 6ᵛ ist ein Schreibfehler.

V. Lat. freies ĕ (ae)

ist in den behandelten Texten **meist ie,** so: *miez* E 4ᵛ, 118ᵛ, B 2, 4, 21, 27, 31 ..., H 81ᵛ, 85ᵛ, 99ʳ, 115ʳ, *mielz* E 120ᵛ, *siet (sedit)* E 5ᵛ, 13, 77bʳ, 112, B 3, 8, 39, 44, H 39ʳ, 39ᵛ, 40ʳ, 45ʳ, 73ʳ, 117ʳ ..., *piet* E 20ᵛ, 21, 21ᵛ, 27ʳ, 56, 87, 115 ..., B 8, 9, 20, 25, 27, 28, 39, H 15ʳ, 43ᵛ, *piez, lievet* E 43ᵛ, 44ʳ, 56ᵛ, 86, B 10, 12, H 105ᵛ, 115ᵛ, 116ʳ, 121ʳ, (*liecet* E 86, 126), *viez* E 45, 47ᵛ, 48ᵛ, 49ʳ, 55, 65ᵛ, 105 ..., B 25, 26, 27, 35, 44, H 33ʳ, 44ʳ, 49ʳ, 50ʳ, 65ᵛ, 67ʳ, 80ʳ, *ier (heri)* 77ʳ, 105, *yer* B 12, *hiyer* B 21, *hier* B 29, *siege* E 77bʳ, 105, B 3, 9, 10, 12, H 9ʳ, 32ʳ, 56ᵛ, 60ʳ, 95ᵛ ...
Piere (Petrum) E 6ᵛ, 6 bis ᵛ, 54, 68ᵛ, B 18, 37, 39, 41, H 9ʳ, 32ʳ, 56ᵛ, 60ʳ, 95ᵛ, 96ʳ, *piere (petra), ciel* E pr, 2a, 5ᵛ, 7 bis ᵛ, 11, 16, 17 ..., 71ᵛ ..., B 1, 2, 4, 7, 8, 9, 10, 11 ..., H 3ᵛ, 4ʳ, 7ʳ, 11ᵛ, 12ᵛ, 15ʳ ..., 69ᵛ .., 105ᵛ ..., *quiert* E 56, 56ᵛ, 57ᵛ, 60, 132ᵛ ..., B 3, 8, 13, 17, 24, 28, 41 ..., H 8ʳ, 8ᵛ, 89ʳ, *quierent, quier, iest* E 2a, 4 bis ᵛ, 7 bis ᵛ, 11, 12, 16, 17ʳ ..., B 1, 2, 3, 5, 6, 7, 8 ..., H 4ᵛ, 10ʳ, 16ʳ, 18ᵛ, 19ʳ, 27ʳ ..., 91ᵛ ..., *brief, grief, miels (mel)* ..., *viez (vetus)*.
Daneben findet sich der Triphtong *iei* in E und B: *siei* (= *sede*) E 7ᵛ, *vieiz* E 46ᵛ, *sieyent* B 14, während *pieiz* H 82ʳ als Schreibfehler anzusehn ist.
ĕ ausser in *eret, erent,* in *gref* E 97ᵛ, *quers* E 56ᵛ, *secle* E 7 bis ᵛ, *seges* E 17ᵛ, *miedre* E pr, 23ᵛ, B 45, *vetulum* wird in H *veil* (= *seniores*) 44ᵛ, 59ᵛ, 60.
Für gewöhnlich wird **lat. saeculum** in unseren Texten wiedergegeben durch: *seule* E 81ᵛ, 96, 122, (meist in E *seules*), B 3, 8, 13, 14, 15, 16, 22, 24 .., H 4ʳ, 10ʳ, 19ᵛ, 27ʳ, 33ᵛ .., 96ʳ, 105ʳ ...

Lat. deum ist *deu (deus)* E pr, 3v, 6v, 7 bis v.., 15, 16, 17r, 17v, 19..., B 1, 2, 3, 4, 5, 6, 7, 8..., H 1v, 2r, 2v, 3r, 3v, 4r, 4v, 5v..., 105v..., *deus.*

Französisches ie vor m oder n: *bien* E 4 bis v, 6v, 6 bis v, 10, 11, 13, 16, 21v.., 85v..., B 1, 2, 3, 4, 5, 6. 7, 8, 9, 10..., H 1v, 2r, 6v, 8r, 8v, 9v.., 69v..., *vient* E 5v. 8r, 16, 28v, 32r, 38v.., 89..., B 1, 2, 3, 4, 5, 7, 9, 13..., H 7v, 22v, 42r, 44v, 50r, 73r..., *viennent* E 21v, 49r..., B 1, 3, 6, 7, 12, 13..., H 41v, *convient (covient* E), *pervient, devient, tient, tiennent, apartient....*
rient (= nfz. *rien)* H 34r....

Lat. gedecktes ē wird e: *apres* E pr, 3r, 4 bis v, 5v, 7 bis v, 8r, 13, 15..., B 1, 4, 5, 8, 9, 10, 12, 13, 14..., H 2r, 2v, 3r, 4v, 5v.., 16r, 17r.., 109v..., *pres,* per E pr, 2a, 2v, 3v, 4v, 4 bis v.., 15, 17r, 17v, 17 bis v..., B 1, 2, 3, 4, 5, 6, 7, 8..., H 1v, 2r, 2v, 3r, 3v, 4r, 4v, 5r, 5v..., — *par* E 25v, 67v, 68v, 73r, 73v, 112v, B 1, 7, 8, 43, H 2r, 2v, 3v, 4r, 6r, 6v, 8r, 14r, 15v, 29v, 71r..., *ades* E pr, 15, 19v, 26r, 28r, 34r, 35r.., 72v..., B 3, 4, 8, 9, 10, 12, 16, 17.., 31..., H 8v, 12r, 13v, 22r, 46v..., *estre* 7v, 8r, 9, 13, 17v, 19, 19 bis v.., 68v..., B 1, 2, 4, 6, 8, 9, 10, 11, 12, 13, 14, 15..., H 2v, 3r, 3v, 4r, 4v, 5r, 5v, 6r, 6v.., 96v, 101r..., *est, terre* E pr, 2a, 3v, 6 bis v, 8r, 9, 11.., 71v..., B 1, 3, 4, 5, 7, 8, 10, 11, 12, 13..., H 6v, 8r, 12v, 14v.., 64r, 64v, 65v..., *enfer* E 3v, 49v, 50r, 52v, 76r, 96..., B 1, 2, 8, 26, 27, 35..., H 5r, 38r, 38v, 60r, 125r, 127r..., *dextre* E 4v, 7v, 29, 30, 57v, B 1, 7, 8, 9, 10, 12, 27..., H 37r, 39r, 56v, 61v, 95v, 104r..., *destre, preste* E 10, 25r, 47v, 66, 126, B 27, 30, H 14v, 20r, 55r, 92r, *prestre* H 57r, *bestes* E 16, 17v, 17 bis v, 19v, 19 bis v, 20, 20v, 26r..., B 33, 44, H 6v, *beestes* B, H, *serf* E 17v, 17 bis v, 24r, B 4, 10, 13, 15, 39, H 4v, 12v, 24v, 33v, 39v, 105v, 116r.

Lat. ĭ wird e: *eveske* E pr, 47v, H 1v, 25v, 93v, 96v, *cercle* E 44r, — B *cercles* 19 —, H 31v, *sinestre* E 4v, 4 bis v, 29r, 30, B 4, 7, 9, 10, 32, 35, 38, 44, H 54v, 75r, 77r, 104r, ferner *vers, pervers, aingele* E, *engele* B, H, *certe, querre, perdre (pert), aherdre, lucerne* E, *luserne* B, *cest, ceste.*

Ein nachtönendes i findet sich in H *yveir* H 20r, 20v, *peirt (perdit)* H 72r.

Lat. ĕlͤ weist in B und H die Schreibung io auf in *miodre* B 8, 15, 26 und *miodres* H 2r, 27v, 35v.

Vita.

Natus sum Carolus Maximilianus Kesselring die VII mens. Octob. h. s. a. LXIV in oppido, cui nomen est Halberstadt, patre Carolo matre Maria e gente Schneidewind, quos morte praematura ereptos valde doleo. Fidei addictus sum evangelicae. Primis litterarum rudimentis imbutus gymnasium reale oppidi patrii mei adii. Tempore paschali a. LXXXV. maturitatis testimonio accepto civis academicus factus in universitatibus Halensi, Berolinensi iterum Halensi in studium linguarum recentium me incubui.

Magistri mei doctissimi fuerunt:

Berolini: Hoffory, Paulsen, Roediger, Schwan, Tobler, v. Treitschke, Zupitza.

Halis: Aue, Droysen, Elze, Gering, Haym, Kirchhoff, Lindner, Odin, Sievers, Suchier, Stumpf, Vaihinger, Wagner, Wiese.

Benevolentia H. Suchier et A. Wagner mihi contigit, ut seminarii Romanici et Anglici sodalis ordinarius essem.

Viris illis, quos nominavi, cum omnibus tum Hermanno Suchier gratias quam maximas et nunc ago et semper habebo.